Vocabulaire progressif du français

POUR LES ADOLESCENTS

Sylvie Schmitt

Vocabulaire progressif du français

POUR LES ADOLESCENTS

Sylvie Schmitt

CLE
INTERNATIONAL

Pour Lucie

Remerciements pour leur soutien et leur aide à :
Véronique Puglièse, Victor Ruiz-Huidobro, Annick Canovas,
Linda Azria, Michel Schmitt, Alain Lepavec

Édition : Martine Ollivier
Illustrations : Nicolas Attié/Florian Ledoux
Cartographie : Graffito

Avant-propos

Le Vocabulaire progressif du français destiné aux adolescents s'adresse à des étudiants débutants ayant déjà acquis quelques notions de français. Il peut s'utiliser aussi bien en cours qu'en autoapprentissage en raison de la prépondérance des exercices.

Comme les autres ouvrages de la collection, une unité de leçon se construit selon le principe suivant :
– une page de gauche présentant le vocabulaire mis en contexte de manière vivante ;
– une page de droite présentant des exercices d'application divers.

Les thèmes développés sur les pages de gauche se succèdent selon une cohérence des champs lexicaux, afin de proposer toutes les deux unités 4 pages d'exercices croisant 2 unités de leçon. Cela permet ainsi de créer une nouvelle situation propice au réemploi du vocabulaire présenté de ce fait dans un contexte élargi.

Ce manuel se découpe donc en une unité de deux fois 2 pages suivie de 4 pages d'exercices, offrant ainsi à l'étudiant la possibilité d'acquérir le vocabulaire au fil d'une vingtaine d'exercices environ, dont la progression est graduelle.
Le Vocabulaire progressif pour adolescents est composé de 26 unités de leçon, de 13 unités ne comportant que des exercices et d'un récapitulatif des connaissances sous forme d'exercices classés selon des actes de paroles. Ce qui représente environ 250 exercices d'application.

Thèmes et vocabulaire

Le fil conducteur de ce manuel est un voyage. Les élèves du lycée international Gauguin participent à un camp de vacances organisé par l'école en fin d'année. La classe est composée d'étrangers et de Français tous francophones puisque suivant des cours en France. Le déroulement de ce voyage met en scène des thèmes pratiques, utiles pour l'apprenant durant un séjour en France tels que : se déplacer, téléphoner, changer de l'argent, faire des achats, consommer dans un café ou un restaurant, etc.
D'autre part, les thèmes sont aussi choisis en fonction des centres d'intérêt et des réalités de la vie des adolescents tels que : les copains, l'argent de poche, la mode, le sport, les loisirs, l'école, la famille, la musique, etc.

Le choix de « scénariser » les pages de gauche est motivé par la volonté d'offrir deux lectures :
– l'une linéaire, liant chaque leçon pour l'étudiant désirant parcourir le livre page à page ;
– l'autre thématique, pour l'étudiant soucieux d'acquérir le vocabulaire en fonction de ses besoins spécifiques et selon ses priorités.

Le vocabulaire sélectionné est courant en France, il s'agit d'expressions et de termes usités dans la vie quotidienne. Certaines expressions appartiennent au registre des adolescents, d'autres au registre familier, ce qui facilitera les échanges entre adolescents lors d'un séjour en France. Elles sont signalées à la fois par une typographie en italique et un astérisque, regroupées dans une note en bas de page.

Les exercices

Cet ouvrage propose une pluralité d'exercices :
• On trouvera des exercices dits « classiques » dont la typologie est souvent connue des apprenants : questions à choix multiples, phrases ou dialogues à compléter, chasser l'intrus, vrai ou faux, tableaux à double entrée, exercices d'association, classement du vocabulaire en fonction de l'interlocuteur ou de la situation, etc.
• Des activités « ludiques » : mots croisés, mots mêlés, mots cachés, tests, devinettes, jeux à questions, etc.
• Des exercices de compréhension de dialogue ou de situation en relation avec des pratiques et des aspects socioculturels du paysage français.
• Des exercices demandant à l'étudiant de comparer la situation proposée dans l'unité de leçon à la réalité de son pays. Il peut ainsi réemployer le vocabulaire pour exprimer ses expériences personnelles.

Le vocabulaire s'apprend par la répétition, l'imprégnation, l'appropriation. La variété des approches et l'aspect ludique des exercices favorisent l'apprentissage sans monotonie. Les consignes s'efforcent d'être claires et concises afin d'écarter tout problème de compréhension.

Communiquer

À la fin des 26 unités de leçon, nous proposons 4 pages d'exercices de communication regroupées selon quelques actes de paroles présents dans ce manuel. Chaque exercice se réfère à plusieurs unités de leçon.

Liste des mots et des expressions

À la fin de cet ouvrage figure un récapitulatif des mots et des expressions pour chaque unité ; une colonne est prévue pour la traduction.

Le corrigé

Un livret séparé accompagne ce manuel. Il contient les corrigés des exercices.

Sommaire

Pages	Unités	Thèmes	Titres
8	Unité 1	Les salutations	Chez Lucie
10	Unité 2	Dire au revoir	Chez Lucie
12	Unités 1 et 2	Entraîne-toi - *exercices*	
16	Unité 3	Le caractère	Mes copains sont sympas
18	Unité 4	Le physique	Le prof est mignon
20	Unités 3 et 4	Entraîne-toi - *exercices*	
24	Unité 5	Les nationalités – les langues	Mes copains sont étrangers
26	Unité 6	Le monde - les continents - les pays	Je voyage sur tous les continents
28	Unités 5 et 6	Entraîne-toi - *exercices*	
32	Unité 7	Les vêtements	Jenifer prépare son sac
34	Unité 8	Les vêtements	Luigi prépare son sac
36	Unités 7 et 8	Entraîne-toi - *exercices*	
40	Unité 9	La monnaie	L'argent de poche
42	Unité 10	Les achats	Faire les magasins
44	Unités 9 et 10	Entraîne-toi - *exercices*	
48	Unité 11	Les directions	Le rendez-vous
50	Unité 12	Les transports	Ça roule !
52	Unités 11 et 12	Entraîne-toi - *exercices*	
56	Unité 13	La maison - le mobilier	L'arrivée
58	Unité 14	Les activités domestiques	Pour qui les corvées ?
60	Unités 13 et 14	Entraîne-toi - *exercices*	

64	Unité 15	**L'alimentation – les commerces**	On fait les courses !
66	Unité 16	**Les quantités – le supermarché**	On fait les courses !
68	Unités 15 et 16	**Entraîne-toi -** *exercices*	
72	Unité 17	**Au café – au snack**	Boire un coup et manger quelque chose
74	Unité 18	**La cuisine – les repas**	Un repas de fête
76	Unités 17 et 18	**Entraîne-toi -** *exercices*	
80	Unité 19	**La famille**	C'est qui ?
82	Unité 20	**Le téléphone – les nombres**	Personne répond ?
84	Unités 19 et 20	**Entraîne-toi -** *exercices*	
88	Unité 21	**Les loisirs**	Un après-midi de vacances
90	Unité 22	**Les sports**	On bouge ?
92	Unités 21 et 22	**Entraîne-toi -** *exercices*	
96	Unité 23	**Le corps – les mouvements**	La leçon de gymnastique
98	Unité 24	**La santé**	C'est pas la forme !
100	Unités 23 et 24	**Entraîne-toi -** *exercices*	
104	Unité 25	**L'école – l'enseignement**	La rentrée
106	Unité 26	**Les jours - les mois - dire l'heure**	La rentrée
108	Unités 25 et 26	**Entraîne-toi -** *exercices*	
112		**Communiquer**	
116		**Liste des mots et des expressions**	

Chez Lucie

■ On dit :

* ☀ **Le jour**

    Bonjour ! À Madame, à Monsieur, à Valentine.
    Salut ! À Valentine, à une personne qu'on connaît bien.

* ☾ **Le soir**

    Bonsoir ! À Madame, à Monsieur, à Valentine.

■ VOUS

* **Marque le respect, la politesse.**
On dit **vous** aux adultes qu'on ne connaît pas bien, aux professeurs, aux commerçants.

* **Marque le pluriel.**
On dit **vous** à plusieurs personnes.

    À Madame, à Monsieur, à Lucie et Valentine : Comment **vous** allez ? Comment allez-**vous** ?
    Vous allez bien ? Comment ça va ? Ça va ?

■ TU

* **Marque la familiarité.**
On se dit **tu** entre amis, entre jeunes, en famille.
Un adulte dit **tu** à un plus jeune.

    À Valentine : Comment **tu** vas ? Comment vas-**tu** ? **Tu** vas bien ? Comment ça va ? Ça va ?

■ On répond :

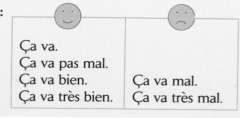

🙂	🙁
Ça va.	
Ça va pas mal.	
Ça va bien.	Ça va mal.
Ça va très bien.	Ça va très mal.

....1.. Complète le dialogue.   **Et dis ton prénom.**

> *Comment tu t'appelles ?*

> Je m'appelle Valentine.

> Et toi, comment tu t'appelles ?

> *Je m'appelle Amélie*

....2.. Comment dit-on bonjour ? Choisis.

a. Bonsoir Paris ! **b.** Bonjour madame ! **c.** Salut Valentine !

1. *B*   *Au magasin*   **2.** *C*   *Dans la rue*   **3.** *a*   *Au concert*

....3.. Complète avec tu ou vous.

1. Madame Roussier à Léo :   – ......*Tu*...... vas bien, Léo ?

2. Léo à Madame Roussier :   – Comment allez-...*vous*...... ?

3. Lucie à Valentine :   – ......*Tu*...... t'appelles comment ?

4. Madame Roussier à Valentine et Léo : – ...*Vous*...... allez bien ?

....4.. Complète les dialogues.

a) À la boulangerie

La boulangère :   Bonjour, madame Roussier !

     ......*Ça va*...... ?

Madame Roussier : Ça va bien, merci.

     Et vous, ...*Ça va*... ?

La boulangère :   Ça va très bien !

b) Au collège

Léo :   ...*Bonjour Lucie*... !

     Comment tu vas ?

Lucie :   ...*Ça va bien*... !

     Et toi, ça va ?

Léo :   ...*Ça va très bien*... !

Chez Lucie

- **On dit :** [Au revoir !] à Madame / à Monsieur / à Valentine.

- **On dit :** [Salut !] à Valentine.
  à une personne qu'on connaît bien.

- **On dit :** [À bientôt !] à Madame / à Monsieur / à Valentine.
  On ne sait pas quand on va revoir la personne mais c'est dans peu de temps.

- **On dit :** [À tout à l'heure !] à Madame / à Monsieur / à Valentine.
  On revoit la personne quelques heures plus tard.

- **On dit :** [Bonsoir !] à Madame / à Monsieur / à Valentine, le soir.

- **On dit :** [Bonne nuit !] à Madame / à Monsieur / à Valentine avant d'aller dormir.

..1.. Associe une expression et un dessin : Bonne nuit, Charlotte ! - Salut, Lucie ! - À tout à l'heure, Charlotte ! - Au revoir, madame Roussier ! - Au revoir, Valentine, à bientôt !

À la sortie des cours.

À tout à l'heure, charlotte

À l'entrée de la crèche.

À tout à l'heure, charlotte

À la maison.

Bonne nuit charlotte

À la sortie de la boulangerie.

Au revoir, madame Roussier

À la gare.

Au revoir valentine, à bientôt

Salut, à la prochaine...

1 Remets les mots en ordre pour faire les phrases des deux dialogues.

A →
1 | comment | t'appelles | Salut | tu |
2 | Valentine | m'appelle | Je |

1. Salut, tu t'appelles comment.
2. Je m'appelle Valentine

B →
1 | Roussier | madame | Bonjour |
bien | allez | Vous |
2 | et toi | merci | Bien | Lucie |
3 | madame | bien | Très | merci |

1. Bonjour Madame Roussier. Vous allez bien
2. Bien merci Lucie, et toi ?
3. Très bien merci madame

2 Complète la grille avec les expressions suivantes : bonjour - salut - bonne nuit - au revoir - à bientôt - à tout à l'heure - bonsoir.

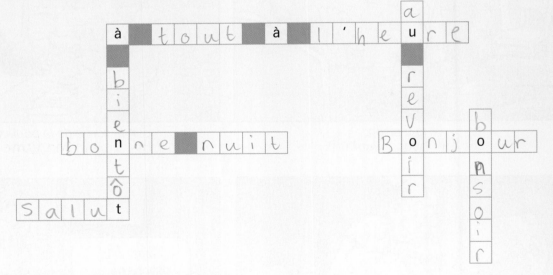

3 Complète la grille. Coche les bonnes réponses.

Dire à	Bonjour	Bonsoir	Salut	Au revoir	À bientôt	À tout à l'heure	Bonne nuit
Valentine							
Madame / Monsieur							
Valentine / Madame / Monsieur							

4 **Élimine l'intrus.**

1. Au revoir / salut / bonne nuit / bonjour.

2. Ça va / ~~ça va mal~~ / ça va bien / ça va très bien.

3. Ça va mal / ça va très mal / ~~ça va bien~~.

4. Comment tu vas ? / comment vas-tu ?/ ~~vous allez bien~~ ? / ça va ?

5. Comment vous allez ? / vous allez bien ? / ça va ? / ~~tu vas bien~~ ? / comment allez-vous ?

5 **Classe les expressions suivantes :** Au revoir - comment ça va ? - vous allez bien ? - salut *(2 fois)*. - comment vous allez ? - comment tu vas ? - bonsoir *(2 fois)* - comment vas-tu ? - bonjour - comment allez-vous ? - tu vas bien ? - à bientôt - bonne nuit - ça va ? - à tout à l'heure.

Quand on rencontre une personne, on dit :	Quand on quitte une personne, on dit :

6 **Complète le dialogue avec les verbes suivants :** va - vas - appelle - appelles.

1. – Comment tu t' appelles ?

2. – Je m' appelle

3. – Tu vas bien ?

4. – Ça va , merci.

7 **Choisis la bonne réponse.**

1. Vous | allez | va | bien ?

2. Comment tu | vas | allez | ?

3. Ça | vas | va | pas mal !

4. Bonjour, madame Roussier, | vous | tu | allez bien ?

5. Comment | tu | vous | t'appelles ?

6. Bonjour Lucie et Valentine, | tu | vous | allez bien ?

8 **Tu dis | TU | ou tu dis | VOUS | ?**

Entoure la bonne réponse.

1. Le professeur parle aux élèves. | TU | ou | VOUS |

2. La boulangère parle à Madame Roussier. | TU | ou | VOUS |

3. Lucie parle à Valentine. | TU | ou | VOUS |

4. Madame Roussier parle à Léo. | TU | ou | VOUS |

5. Valentine parle à Madame Roussier. | TU | ou | VOUS |

6. Lucie parle à sa mère. | TU | ou | VOUS |

7. Lucie parle à Léo et à Valentine. | TU | ou | VOUS |

9 **Associe les éléments qui vont ensemble.**

A
1. Salut, Lucie ! ●
2. Bonjour, madame Roussier ! ●
3. Salut ●
4. Au revoir, maman ! ●

● a. À tout à l'heure !
● b. Comment tu vas ?
● c. Comment allez-vous ?
● d. Valentine !

B
1. Salut, les filles ! ●
2. Comment ●
3. Comment tu t'appelles ? ●
4. Ça va ? ●

● a. Je m'appelle Valentine.
● b. Ça va bien, merci.
● c. ça va ?
● d. Vous allez bien ?

10 **Replace dans les deux dialogues les expressions suivantes :** Bonjour - allez - ça va - bien - merci - ça va - comment - salut.

Lucie : .... Léo !
.... tu vas ?

Léo : .... merci, et toi ?

Lucie : Ça va ....

Léo : ...., madame Roussier !
Vous .... bien ?

Madame Roussier : Ça va ...., merci.

11 **Vrai ou Faux ?**

	Vrai	Faux
1. Lucie va se coucher, tu dis bonne nuit.	☐	☐
2. Valentine rencontre Madame Roussier, elle dit salut.	☐	☐
3. Lucie rencontre son professeur, elle dit tu vas bien.	☐	☐
4. Lucie va voir sa mère dans une heure, elle dit à tout à l'heure.	☐	☐
5. Lucie quitte Léo, elle dit salut.	☐	☐
6. Léo quitte Madame Roussier, il dit salut.	☐	☐
7. Valentine rencontre Léo, elle dit salut.	☐	☐
8. Monsieur Dupont rencontre Madame Roussier, il dit bonjour.	☐	☐
9. Lucie rencontre Valentine, elle dit au revoir.	☐	☐
10. Léo rencontre Lucie et Valentine, il dit vous allez bien.	☐	☐

12 **Remets les deux dialogues en ordre.**

Au revoir, madame Roussier !

Très bien, merci !

Bonjour, Valentine !

Comment allez-vous ?

Ça va, merci !

Et toi, comment vas-tu ?

Valentine : Bonjour, madame Roussier !

Madame Roussier : ....

Valentine : ....

Madame Roussier : ....

....

Valentine : ....

....

Madame Roussier : À bientôt, Valentine !

Au revoir !

À tout à l'heure au collège !

Comment ça va ?

Je m'appelle Valentine, et toi ?

Ça va pas mal !

Je m'appelle Léo.

Comment tu t'appelles ?

Ça va très bien, et toi ?

Léo : Salut !

Valentine : ....

Léo : ....

Valentine : ....

Léo : ....

Valentine : ....

....

Léo : ....

Mes copains sont sympas

Je pars en voyage avec ma classe. Mes copains sont sympas*, ils ont bon caractère. Certains profs* sont super*! Mais d'autres ont mauvais caractère.

1. Jenifer est sympa parce que très gentille, et généreuse. – **2.** Luigi est gai. – **3.** Lamine est intelligent parce que très tolérant. – **4.** Malika est franche. – **5.** Paco est patient parce qu'il est calme. – **6.** Noriko est douce et prudente. – **7.** Petra est travailleuse. – **8.** Le prof de maths est nerveux et impatient. – **9.** La prof de musique est un peu prétentieuse mais marrante*. – **10.** Le prof d'histoire est triste mais franc.

■ **Les qualités ≠ Les défauts**

• **Masculin ♂ – Luigi est :** sympathique ≠ antipathique ; gentil ≠ méchant ; intelligent ≠ idiot/bête ; franc ≠ hypocrite ; doux ≠ agressif ; généreux ≠ égoïste - avare/**radin*** ; modeste ≠ prétentieux - **frimeur*** ; calme ≠ nerveux ; gai/joyeux ≠ triste ; **marrant***/drôle ≠ ennuyeux ; courageux ≠ lâche ; travailleur ≠ paresseux ; tolérant ≠ intolérant ; patient ≠ impatient ; prudent ≠ imprudent

• **Féminin ♀ – Jenifer est :** sympathique ≠ antipathique ; gentille ≠ méchante ; intelligente ≠ idiote/bête ; franche ≠ hypocrite ; douce ≠ agressive ; généreuse ≠ égoïste - avare/**radine*** ; modeste ≠ prétentieuse - **frimeuse*** ; calme ≠ nerveuse ; gaie/joyeuse ≠ triste ; **marrante***/drôle ≠ ennuyeuse ; courageuse ≠ lâche ; travailleuse ≠ paresseuse ; tolérante ≠ intolérante ; patiente ≠ impatiente ; prudente ≠ imprudente

• La *prof* de français est :

+ + + +	Super		–	Pas très	
+ + +	Très	sympa	– –	Pas	sympa
+ +	Assez		– – –	Pas du tout	
+	Un peu				

Super peut s'employer seul ou devant un autre mot : La *prof* est *super*. La *prof* est super *sympa*.

_____
* Mots familiers : *sympa* : diminutif de « sympathique » (expression imprécise). Le *prof* / la *prof* : diminutif de « professeur », mais attention : *le professeur,* toujours au masculin.

1. Réponds par le contraire. Mets les qualités de Luigi au féminin.

Luigi a très mauvais caractère.   Luigi a très bon caractère   Lucie a beaucoup de qualités.
Il a beaucoup de défauts.   Il a beaucoup de qualités.
Il est :   Il est :   Elle est :

bête	1.	a. ....
hypocrite	2.	b. ....
agressif	3.	c. ....
triste	4.	d. ....
radin	5.	e. ....
frimeur	6.	f. ....
impatient	7.	g. ....
paresseux	8.	h. ....

2. Trouve la bonne définition.

Lucie est généreuse. ☐ Elle donne beaucoup aux autres.   Lamine est tolérant. ☐ Il accepte les idées des autres.
                     ☐ Elle chante beaucoup.   ☐ Il aime travailler.

Luigi est gai   ☐ Il rit beaucoup.   Malika est franche. ☐ Elle parle beaucoup.
                     ☐ Il mange beaucoup.   ☐ Elle dit ce qu'elle pense.

Noriko est prudente. ☐ Elle fait attention.   Paco est calme.   ☐ Il ne s'agite pas.
                     ☐ Elle aime raconter des histoires.   ☐ Il fait du bruit.

Nicolas est patient. ☐ Il aime s'amuser   Lucie est marrante. ☐ Elle aime faire rire les autres.
                     ☐ Il sait attendre.   ☐ Elle aime regarder la télévision.

3. Chasse l'intrus.

1. Super gentil / pas du tout gentil / très gentil / assez gentil / un peu gentil.
2. Pas très marrant / pas marrant / super marrant / pas du tout marrant.
3. Calme / travailleur / franc / intelligent / paresseux / joyeux / doux.
4. Antipathique / agressif / modeste / intolérant / triste / frimeur.
5. Gentil / généreux / patient / radin / gai / prudent / sympathique.
6. Généreuse / paresseuse / intolérante / imprudente / franc /gentille / idiote / douce.
7. Joyeux / travailleur / doux / méchante / franc / généreux / gentil.

4. Complète avec les mots suivants : marrants - du tout - frimeur - triste - méchante - super - égoïste - sympas - bon.

Le copain de Luigi n'est pas .... sympa, il est ...., il aime qu'on le regarde. Il ne rit jamais,

il est .... La copine de Valentine est ...., elle aime faire du mal aux autres. Le copain de

Jenifer est ...., il ne pense qu'à lui. Par contre, mes copains sont .... Ils

ont .... caractère, ils aiment faire rire les autres, ils sont ....

Le prof est mignon

Le prof de maths est mignon. La prof d'anglais est pas mal, mais les autres !...

1. Le prof d'histoire a les **cheveux gris**, les **yeux noirs**. Il est chauve, il a une **barbe** et une **moustache**. Il est **petit** et gros. Il est *assez moche**.
2. Le prof de maths est **brun** aux **yeux bleus**. Il a les **cheveux bouclés** et courts. Il est **grand** et **mince**. C'est un **beau** *mec**.
3. La prof d'anglais est **jolie**. Elle a des **cheveux roux**, longs et frisés, et les **yeux verts**. Elle est **mince**, de **taille moyenne**.
4. La prof de musique est **châtain** aux **yeux marron**. Elle a les **cheveux mi-longs** et raides. Elle est **petite** et maigre.

Il / elle **a** les cheveux	frisés	courts	blonds	Il / elle **a** les yeux	**bleus**
	bouclés	mi-longs	châtains*		**verts**
	raides	longs	bruns		**marron***
			roux		**noirs**

Il **est**		blond	Elle **est**	blonde
		châtain		châtain
		brun		brune
		roux		rousse

* *Marron* dans ce cas est invariable.
* *Châtain* dans ce cas est invariable.

Il **est** blond aux yeux bleus. Elle **est** blonde aux yeux bleus.

Il **est**	gros	grand		Il **est**	beau
	mince	de taille moyenne			joli garçon
	maigre	petit			mignon
					laid / *moche*

Elle **est**	grosse	grande		Elle **est**	belle
	mince	de taille moyenne			jolie
	maigre	petite			mignonne
					laide / *moche*

* Mots familiers : *mec* = garçon (*nana* = fille) ; *moche* = pas beau.

1 Regarde la page 16 et complète les grilles ; complète ensuite les phrases. Comment sont les cheveux et les yeux de Jenifer, de Lucie et de Petra ?

a)

f	r	i	s	é	s
o
u
s
s

B	l	e	u	s

Jenifer a les cheveux ....

Elle est .... aux yeux bleus.

b)

b					
n			

Lucie a les cheveux ....

Elle est .... aux yeux noirs.

c)

r		e

Petra a les cheveux ....

Elle est .... aux yeux verts.

2 Chasse l'intrus.

1. Frisés / raides / bleus / bouclés.
2. Bruns / blonds / longs / châtains / roux.
3. Blonde / rousse / châtain / brun.
4. Courts / mi-longs / roux / longs.
5. Gros / grande / mince / maigre.
6. Petit / de taille moyenne / maigre / grand.
7. Laid / beau / mignon / joli.

3 Choisis le bon verbe.

1. Elle est a grosse.
2. Elle est a grande.
3. Il est a une barbe.
4. Elle est a blonde.
5. Il est a brun.
6. Il est a les yeux bleus.

4 Choisis la bonne réponse.

1. Il a les yeux bleus roux .
2. Elle a les cheveux petits courts .
3. Elle a les cheveux grands longs .
4. Elle a les yeux cheveux châtains.
5. Elle a les yeux marron châtains .
6. Il a les cheveux chauve frisés .
7. Il a une barbe les yeux grise.
8. Il est blond gris .

1 Complète la grille.

1. Il n'est pas antipathique.
2. Il n'est pas triste.
3. Il n'est pas gai
4. Il n'est pas calme.
5. Il n'est pas intelligent.
6. Il n'est pas doux.
7. Il n'est pas impatient.
8. Il n'est pas travailleur.
9. Il n'est pas hypocrite
10. Il n'est pas modeste.
11. Il n'est pas gentil.
12. Il n'est pas intolérant.

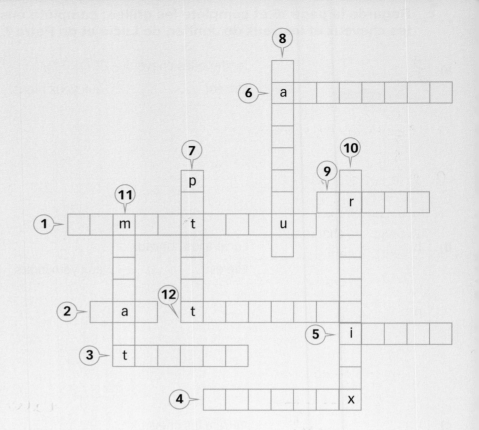

2 Choisis la bonne réponse.

1. Il ne dit pas ce qu'il pense. Il est | hypocrite | intolérant | agressif |.
2. Elle pense qu'elle est supérieure aux autres. Elle est | prudente | courageuse | prétentieuse |.
3. Tous les élèves de la classe aiment le *prof* d'histoire. Il est | idiot | calme | sympathique |.
4. Léo se dispute souvent avec les autres. Il est | égoïste | agressif | impatient |.
5. Le *prof* de maths n'a peur de rien. Il est | courageux | tolérant | méchant |.
6. Valentine n'aime pas travailler. Elle est | modeste | généreuse | paresseuse |.
7. Les gens ne s'amusent pas avec Luigi. Il est | gentil | ennuyeux | calme |.
8. La *prof* de musique aime rendre des services. Elle est | franche | gentille | joyeuse |.

3 Assemble les syllabes et trouve les cinq défauts de Léo.

fri	pré	pa	im
mé	ra	din	chant
ten	tieux	tient	meur

Il est :

....
....
....
....
....

4 Test.

Es-tu **sympa** ?

	Oui	Non
1. Tu prêtes tes affaires.	☐	☐
2. Tu aimes faire des cadeaux.	☐	☐
3. Tu aimes inviter tes amis.	☐	☐
4. Les élèves de ta classe t'aiment bien.	☐	☐
5. Tu n'aimes pas faire du mal aux autres.	☐	☐
6. Tu aimes faire la cuisine.	☐	☐
7. Tu ranges ta chambre.	☐	☐
8. Tu aides tes amis.	☐	☐

Tu as moins de 2 oui : tu n'es pas du tout sympa.
Tu as 3 oui : tu n'es pas sympa.
Tu as 4 oui : tu n'es pas très sympa.

Tu as 5 oui : tu es sympa.
Tu as 6 oui : tu es très sympa.
Tu as 8 oui : tu es super sympa.

Réponses :

5 Décris ce couple.

Elle est *petite et grosse.*

Elle a *les cheveux noir, et mi-longs et raides.*

et les yeux noirs.

Il est *grand et maigre*

Il a *les cheveux blonds, courts et bouclés*

et les yeux bleus.

6 Trouve les mots suivants dans la grille : grand - gros - maigre - mince - blond - brun - roux - châtain - gris - verts - noirs - marron.

c	e	g	r	a	n	d	a	p	o	m
v	e	r	t	s	i	t	y	g	n	i
b	l	o	n	d	m	a	r	r	o	n
r	e	s	b	r	u	n	o	i	i	c
u	m	a	i	g	r	e	u	s	r	e
c	h	â	t	a	i	n	x	a	s	u

7. **Complète les grilles.**

a) Classe les adjectifs masculins qui prennent un —e au féminin

b) Classe les adjectifs qui sont identiques au masculin et au féminin.

c) Classe les adjectifs masculins se terminant par —eux ou —eur qui se transforment en —euse au féminin.

d) Classe les adjectifs masculins qui changent au féminin.

travailleuse	petit	tolérante	laid	joyeux	tolérant
beau	brun	mince	doux	brune	modeste
gros	travailleur	laide	égoïste	franche	belle
joyeuse	douce	franc	petite	grosse	calme

A

	masculin	féminin = masculin + e
1	grand	grande
2	petit	petite
3	tolérant	tolérante
4	laid	laide
5	brun	brune

B

	masculin = féminin
1	maigre
2	modeste
3	calme
4	mince
5	égoïste

C

	masculin en —eux et —eur	féminin en —euse
1	travailleur	travailleuse
2	joyeux	joyeuse

D

	masculin ≠ féminin	
1	beau	belle
2	franc	franche
3	doux	douce
4	gros	grosse

8. **Qui dit ?**
Attention ! Deux réponses sont possibles.

		Lui	Elle
1.	Je suis rousse.	☐	☑
2.	J'ai une moustache.	☑	☐
3.	Je suis jolie.	☐	☑
4.	Je suis mignon.	☑	☐
5.	Je suis intelligent.	☑	☐
6.	J'ai les cheveux châtains.	☑	☑
7.	J'ai les yeux marron.	☑	☑
8.	Je suis chauve.	☑	☑

9 Une journaliste interviewe la célèbre chanteuse Lolo. Lis le dialogue et réponds aux questions.

La journaliste : Lolo, on dit que tu es super franche, es-tu d'accord ?

Lolo : Oui, je dis toujours ce que je pense, je ne suis pas hypocrite, je n'aime pas du tout les hypocrites, ça me rend agressive.

La journaliste : Tu es agressive ?

Lolo : Oui assez, il ne faut pas m'énerver !

La journaliste : On dit aussi que tu es joyeuse.

Lolo : Oui, je ris beaucoup, je suis très gaie, j'aime faire rire les autres, je pense que je suis marrante.

a) Quelles sont les qualités de Lolo ?

....

b) Quels sont les défauts de Lolo ?

....

Pourquoi ? ....

c) Et toi, penses-tu qu'elle a bon ou mauvais caractère ? Pourquoi ?

....

....

10 Regarde les photos de la page 16, de la page 18, et l'exercice 2 page 20. Décris le caractère et le physique du professeur de maths, du professeur de musique et du professeur d'histoire.

Le *prof* de maths :

....

....

....

....

La *prof* de musique :

....

....

....

....

Le *prof* d'histoire :

....

....

....

....

11 Décris-toi !

Le caractère

Tu as bon caractère ☐

Tu as mauvais caractère ☐

Le physique

Tes qualités
....
....
....
....
....

Tes défauts
....
....
....
....
....

Comment es-tu ?

Je suis ....

....

....

J'ai ....

....

5 Mes copains sont étrangers

1. Paco est espagnol. – 2. Luigi est italien. – 3. Nicolas est grec. – 4. Stanislas est polonais. – 5. Hans est allemand. – 6. Jenifer est anglaise. – 7. Lamine est français, ses parents sont du Sénégal. – 8. Noriko est japonaise. – 9. Linda est américaine. – 10. Marcel est canadien. – 11. Malika est française, ses parents sont algériens. – 12. Petra est brésilienne. – 13. Luis est mexicain. – 14. Et moi, je suis française, j'habite à Paris !

Au collège international Gauguin, les élèves sont tous étrangers. Ils parlent 2 ou 3 langues. Ils sont bilingues ou trilingues. Par exemple : Lamine parle le wolof, l'arabe classique et le français. Malika parle le français, l'arabe, l'anglais, le kabyle. Petra parle le portugais, le japonais et le français.

■ **On dit :**

• Venir **de** devant un nom de **pays** féminin, venir **du** devant un nom de **pays** masculin, venir **d'** devant un nom de **pays** commençant par une voyelle, venir **des** devant un nom de **pays** pluriel.

• Habiter **à** devant une ville, habiter **en** devant un nom de pays féminin et habiter **au** devant un nom de pays masculin, habiter **aux** devant un nom de pays pluriel.

EXEMPLES

• La France :	• Le Brésil :	• Les États-Unis :
Lucie **vient de** France.	Petra **vient du** Brésil.	Linda **vient des** États-Unis.
Lucie **habite en** France.	Petra **habite au** Brésil.	Linda **habite aux** États-Unis.
Lucie **habite à** Paris en France.	Petra **habite à** Rio au Brésil.	Linda **habite à** New York **aux** États-Unis.

Luigi **vient d'**Italie.   **Il est italien**, **il parle** italien et français   ou   **C'est un Italien**, il parle **l'**italien et **le** français.

• Dans beaucoup de pays, plusieurs langues sont parlées et les habitants sont bilingues, trilingues ou plurilingues.

EXEMPLES

En Chine, on parle le chinois mandarin, le cantonais, le fukien…
En Inde, on parle 18 langues officielles : l'hindi, le gujaral, le marathi, le bengali, le nepali…
Au Sénégal, on parle le wolof, le français…
En Espagne, on parle le castillan qui est la langue nationale (les Français disent « l'espagnol »), mais on parle aussi le catalan, le basque, le galicien…

1 **Quelle langue parle-t-on ? Associe.**
Attention : plusieurs réponses sont possibles !

1. en Chine
2. en Espagne
3. au Japon
4. en Angleterre
5. au Mexique
6. au Brésil
7. aux États-Unis
8. en Grèce
9. au Canada
10. en Allemagne
11. en Pologne
12. au Sénégal
13. en Inde
14. en Algérie

a. le français
b. le grec
c. l'allemand
d. l'anglais
e. le portugais
f. le japonais
g. le chinois mandarin
h. l'arabe
i. l'espagnol
j. l'hindi
k. le basque
l. le polonais
m. le wolof
n. le kabyle

2 **Regarde la photo de classe de la page 24 et fais une phrase selon l'exemple suivant :**

L'Espagne - Madrid → Paco / Il vient d'Espagne. Il habite à Madrid en Espagne. Il est espagnol.

1. La Grèce - Athènes → Nicolas / ....

2. La Pologne - Varsovie → Stanislas / ....

3. L'Allemagne - Berlin → Hans / ....

4. L'Angleterre - Londres → Jenifer / ....

5. Le Sénégal - Dakar → Lamine / ....

6. Le Japon - Tokyo → Noriko / ....

7. Les États-Unis – New York → Linda / ....

8. Le Canada - Montréal → Marcel / ....

3 **Quelle est la langue commune des trois pays ?**

1. France - Sénégal - Canada → ....

2. Angleterre - Australie - États-Unis → ....

3. Bolivie - Venezuela - Argentine → ....

4. Égypte - Libye - Algérie → ....

5. Brésil - Angola - Portugal → ....

4 **Complète le texte avec les mots suivants :** en - international - étranger - habite - le grec - trilingue - parle - d'étrangers - langues - de.

Mon copain est .... Il .... France. Il vient .... Grèce. Il parle ...., l'anglais et le français. Il est .... Il .... deux .... étrangères. Mon collège est ...., il y a beaucoup ....

6 Je voyage sur tous les continents

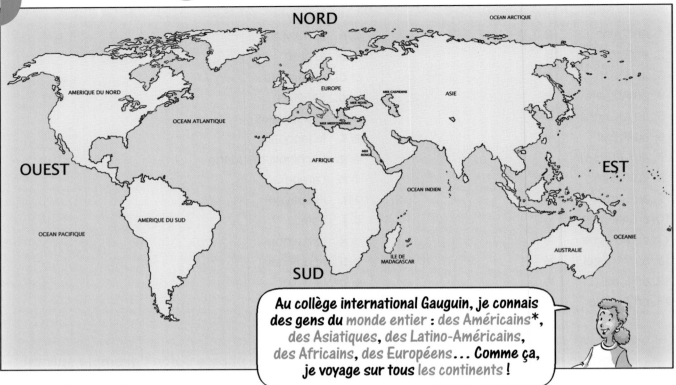

Au collège international Gauguin, je connais des gens du monde entier : des Américains*, des Asiatiques, des Latino-Américains, des Africains, des Européens... Comme ça, je voyage sur tous les continents !

■ **Il y a cinq continents.**

● **L'Amérique**
– L'Amérique du Nord : les États-Unis, le Canada
– L'Amérique centrale : le Mexique, le Costa Rica...
– L'Amérique du Sud / L'Amérique latine : l'Argentine, la Colombie...

● **L'Asie**
– L'Extrême-Orient : la Chine, la Corée, le Japon...
– Le Moyen-Orient : l'Iran, l'Irak, l'Arabie Saoudite...
– Le Proche-Orient : la Syrie, Israël, la Jordanie...

● **L'Europe**
– L'Europe du Nord : la Finlande, la Suède...
– L'Europe centrale : l'Allemagne, l'Autriche...
– L'Europe Méridionale : l'Italie, la Grèce...

● **L'Afrique**
– L'Afrique du Nord ou le Maghreb : la Tunisie, le Maroc, l'Algérie...
– L'Afrique de l'Ouest et l'Afrique de l'Est : la Côte d'Ivoire, le Liberia, l'Éthiopie, le Cameroun...
– L'Afrique centrale : le Bénin, le Nigeria...
– L'Afrique du Sud : la République d'Afrique du Sud, le Mozambique...

● **L'Océanie**
– L'Australie, la Nouvelle-Zélande...

● **L'Occident** = l'Ouest et **l'Orient** = l'Est.

● **Les océans** et **les mers** occupent 70 % de la surface de **la Terre**.

---

* Les Américains : nationalité des citoyens des États-Unis ≠ des habitants du continent « l'Amérique ». Pour les autres pays d'Amérique du Nord et d'Amérique Centrale, on précise : Les Canadiens, les Mexicains...

.1. Vrai ou Faux ?

	Vrai	Faux
1. L'Océanie est un pays.	☐	☐
2. Le Chili est en Amérique du Sud.	☐	☐
3. Les États-Unis sont en Amérique latine.	☐	☐
4. L'Atlantique est une mer.	☐	☐
5. Un océan est plus petit qu'une mer.	☐	☐
6. Le Japon est en Extrême-Orient.	☐	☐
7. La Tunisie est un pays du Maghreb.	☐	☐
8. L'Orient est à l'ouest.	☐	☐
9. Une île est une terre entourée d'eau.	☐	☐
10. Nous vivons tous sur la planète Terre.	☐	☐
11. L'Europe est en Occident.	☐	☐

.2. Chasse l'intrus.

1. Les Européens / les Latino-Américains / les Océaniens / les Américains.

2. L'Asie / l'Afrique / l'Amérique / l'Australie / l'Europe.

3. Le Pacifique / l'Atlantique / la Méditerranée.

4. L'Australie / la Nouvelle-Zélande / le Canada.

5. La France / le Chili / le Pérou / la Colombie.

6. Le Tchad / la Grèce / la Côte d'Ivoire / l'Éthiopie.

7. L'Autriche / l'Allemagne / le Japon / le Portugal.

8. La Chine / la Corée / le Mexique / le Japon.

9. L'océan Indien / la mer Caspienne / la mer Rouge / l'Asie.

10. La Jamaïque / la Sicile / la Chine.

.3. Es-tu fort en géographie ? Réponds aux questions.

1. Quelle est la plus grande île du monde ?

....

2. Quel est le plus grand pays du monde ?

....

3. Quel est le plus grand océan du monde ?

....

4. Quel est le continent le plus grand du monde ?

....

Réponses :
1. L'**Australie** 7 686 884 km²
2. La **fédération de Russie** 17 075 400 km²
3. Le **Pacifique** 170 millions de km²
4. L'**Asie** 44 millions de km²

1. **Dans quels pays parles-tu l'anglais, l'arabe, le portugais, l'espagnol et le français ?**
Complète les bulles avec les pays suivants : l'Algérie, le Brésil, le Chili, les États-Unis,
le Mexique, la Côte d'Ivoire, le Maroc, la Jordanie, la Tunisie, l'Argentine, l'Angleterre,
la Colombie, la Libye, le Mozambique, le Kenya, la Suisse, l'Arabie Saoudite.

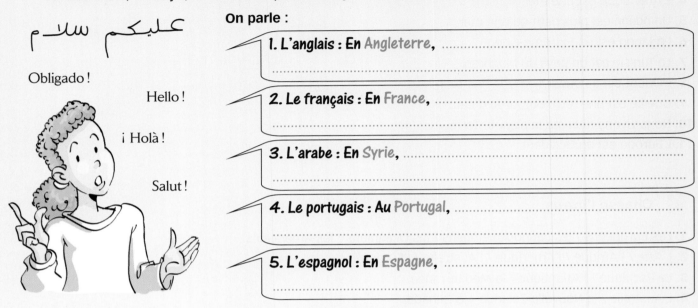

السلام عليكم

Obligado !

Hello !

¡ Hola !

Salut !

On parle :

1. **L'anglais : En** Angleterre, ...
   ....

2. **Le français : En** France, ...
   ....

3. **L'arabe : En** Syrie, ...
   ....

4. **Le portugais : Au** Portugal, ...
   ....

5. **L'espagnol : En** Espagne, ...
   ....

2. **Complète avec le nom du pays et la langue correspondant à la nationalité.**

*Exemple : Il est **polonais*** → il parle le polonais, il vient de Pologne.

1. Il est japonais → ....

2. Il est chinois → ....

3. Il est coréen → ....

4. Il est américain → ....

5. Il est sénégalais → ....

6. Il est algérien → ....

7. Il est suisse → ....

3. **Relie chaque pays à son continent.**

1. la Roumanie ●
2. le Liban ●
3. le Japon ●
4. le Canada ●
5. l'Irak ●
6. le Zimbabwe ●
7. le Venezuela ●
8. la Tunisie ●
9. l'Italie ●

● **a.** l'Amérique du Nord ⎫ ● L'Amérique
● **b.** l'Amérique du Sud ⎭
● **c.** l'Extrême-Orient ⎫
● **d.** le Moyen-Orient ⎬ ● L'Asie
● **e.** le Proche-Orient ⎭
● **f.** l'Europe centrale ⎫ ● L'Europe
● **g.** l'Europe méridionale ⎭
● **h.** l'Afrique du Nord ⎫ ● L'Afrique
● **i.** l'Afrique du Sud ⎭

...4... **L'Union européenne se compose de 25 États au 1er mai 2004.**
Voici la carte de l'Union européenne avec les 25 pays.

a) Écris sur la carte les noms des 15 pays membres avant le 1er mai 2004 et complète avec les 10 nouveaux pays de l'Union européenne : la République tchèque - l'Estonie - Chypre - la Lettonie - la Lituanie - la Hongrie - Malte - la Pologne - la Slovénie - la Slovaquie.

b) Complète le tableau pour l'Europe des 15 (pays).

Le pays	La nationalité	Les langues
1.	Il est	....
2.	Il est	....
3.	Il est	....
4.	Il est	....
5.	Il est	....
6.	Il est	....
7.	Il est	....
8.	Il est	....
9.	Il est	....
10.	Il est	....
11.	Il est	....
12.	Il est	....
13.	Il est	....
14.	Il est	....
15.	Il est	....

c) Connais-tu l'Estonie, la Lituanie, la Lettonie, la Slovénie, la Slovaquie ? Réponds aux questions.

1. Quelle est la mer située à l'ouest de l'Estonie, de la Lettonie et de la Lituanie ?

....

2. Quelle est la nationalité du peuple de Lituanie ?

....

3. La Slovénie appartenait à quel pays ?

....

4. Quelle est la langue des Slovènes ?

....

5. Quelle est la nationalité du peuple de Slovaquie ?

....

Réponses :
1. La mer Baltique – 2. Les Lituaniens / les Lituaniennes – 3. La Yougoslavie. – 4. Le slovène. – 5. Les Slovaques.

5 Vrai ou Faux ?

	Vrai	Faux
1. L'Allemagne est au nord-est de la France.	☐	☐
2. L'Espagne est au nord de la France.	☐	☐
3. Le Maroc est au sud de l'Espagne.	☐	☐
4. La Suède est au nord de la France.	☐	☐
5. L'Atlantique est à l'ouest du Portugal.	☐	☐
6. La Pologne est en Europe centrale.	☐	☐
7. La Slovénie est à l'ouest de la France.	☐	☐
8. L'Angleterre est au sud de la France.	☐	☐

6 Lis le dialogue et réponds aux questions.

Lucie : Mes copains viennent de tous les continents, ils parlent plusieurs langues : Luis parle l'espagnol
et le français ; Stanislas parle le polonais et le français ; Petra parle le portugais, le japonais et le français.
C'est *super* de parler les langues ! On peut voyager dans le monde entier.

Hans : Avec l'Europe des 25, on va parler peut-être 20 langues sur le continent européen et nous sommes
500 millions d'habitants !

1. Qui est bilingue ? ....

2. Qui est trilingue ? ....

3. Pourquoi c'est *super* de parler les langues ? ....

4. Combien y a-t-il de pays dans l'Union européenne? ....

5. Combien y a-t-il d'habitants ? ....

7 **Complète la grille.**

1. Se parle en Amérique du Sud.
2. Un point cardinal à l'opposé du Sud.
3. Le plus grand océan du monde.
4. Un continent occidental.
5. Un pays en Amérique centrale.
6. Un pays en Europe méridionale.
7. Un pays du Maghreb.
8. Plus petit qu'un océan.
9. Le continent où se trouve l'Australie.
10. Un continent au sud de l'Europe.
11. Le plus grand continent du monde.
12. L'Afrique du Nord.
13. Se parle en Allemagne.
14. Un point cardinal à l'opposé de l'Ouest.
15. Un pays en Amérique du Nord.
16. À l'opposé de l'Occident.
17. Notre planète.

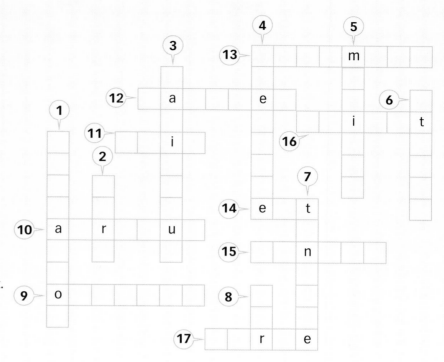

8 **Et toi ?**
Où habites-tu ? De quel pays viens-tu ? Quelle est ta nationalité ? Quelles langues parles-tu ?

J'habite **à** ....

J'habite **en / au / aux** ....

Je viens **de** ....

....

Je suis ....

Mon pays est sur le continent ....

La mer la plus proche de ma ville est ....

Je parle ....

....

....

Jenifer prépare son sac

1. une jupe – **2.** une robe – **3.** un jean – **4.** un pantalon – **5.** un tailleur – **6.** un tee-shirt –
7. un pull – **8.** un chemisier – **9.** une chemise – **10.** un blouson – **11.** un manteau –
12. une veste – **13.** un anorak – **14.** un imperméable – **15.** des escarpins - chaussures
à talons hauts – **16.** des chaussures de ville - chaussures à talons plats – **17.** des baskets –
18. des bottes – **19.** des sandales – **20.** un maillot de bain – **21.** une casquette –
22. une chemise de nuit – **23.** un pyjama – **Les sous-vêtements :** **24.** des chaussettes –
25. un collant – **26.** un soutien-gorge – **27.** une culotte.

- **Un tailleur** est un ensemble jupe ou pantalon + veste de même couleur, fabriqué avec le même tissu.

- Jenifer prépare son sac, elle choisit des vêtements.

- Elle met des vêtements à la mode / *branchés**.

à la mode / *branché** ≠ démodé

- Elle s'habille bien et elle se change souvent.

S'habiller / mettre des vêtements ≠ se déshabiller / enlever
Se changer
Vêtement / habit / *fringue**

s'habiller

se déshabiller

_____
*Mots familiers : *branché* : à la mode ; *fringue* : vêtement.

1 Entoure les vêtements que Jenifer met dans son sac pour se baigner et pour faire du vélo.

- une chemise
- un anorak
- des baskets
- une veste
- un maillot de bain
- une chemise de nuit
- une casquette
- un soutien-gorge

- un short
- des chaussettes
- des bottes
- un imperméable
- un pull
- un tee-shirt
- une culotte
- un pyjama

2 Classe les vêtements que l'on met sur le haut du corps et les vêtements que l'on met sur le bas du corps.

une jupe - un pull - un short - un tee-shirt - une culotte - un jean - un chemisier - un blouson - une chemise - un collant - un soutien-gorge - des chaussettes.

3 Complète le texte avec les mots suivants : met - enlève - se change - met - s'habille - se déshabille - à la mode - met.

Ce matin, Jenifer .... Aujourd'hui, il pleut : Jenifer .... un imperméable.

L'après-midi, il y a du soleil : Jenifer ...., elle .... l'imperméable, elle .... un

blouson ....

Le soir avant de dormir, elle ...., elle .... une chemise de nuit.

Luigi prépare son sac

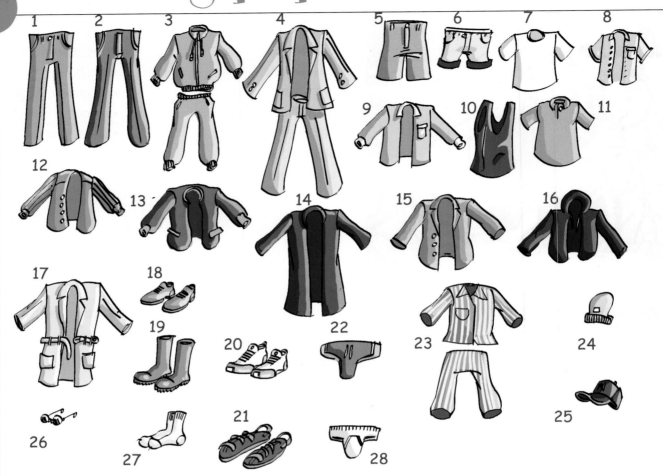

1. un jean – **2.** un pantalon – **3.** un jogging – **4.** un costume – **5.** un bermuda –
6. un short – **7.** un tee-shirt – **8.** une chemisette – **9.** une chemise – **10.** un débardeur –
11. un polo – **12.** un gilet – **13.** un blouson – **14.** un manteau – **15.** une veste –
16. un anorak – **17.** un imperméable – **18.** des chaussures de ville – **19.** des bottes –
20. des baskets – **21.** des sandales – **22.** un maillot de bain – **23.** un pyjama –
24. un bonnet – **25.** une casquette – **26.** des lunettes de soleil
Les sous-vêtements : **27.** des chaussettes – **28.** un slip.

• **Un costume** est un ensemble pantalon et veste de même couleur, fabriqué avec le même tissu.
Certains vêtements de Luigi ont le même nom que certains vêtements de Jenifer.

MAIS les modèles et les tailles des vêtements sont différents.

Taille 36

Taille 44

• **Les tailles** des vêtements pour les filles et les
garçons vont du 36 au 44.

Pointure 37

Pointure 44

• **Les pointures** des chaussures pour les filles vont
du 36 au 40, et pour les garçons du 38 au 44.

1 Écris les noms des vêtements du groupe de musique préféré de Luigi.

d. ....

b. ....

d. ....

b. ....

d. ....

b. ....

a. ....

a. ....

a. ....

c. ....

c. ....

c. ....

1   2   3   4

---

2 Complète les mots.
Écris les lettres manquantes
dans la colonne de droite... et tu trouveras
le nom d'un vêtement.

b	l	o	u		o	n	
c		e	m	i	s	e	
j		g	g	i	n	g	
b	e		m	u	d	a	
m	a	n		e	a	u	

3 Retrouve les quatre vêtements
et les chaussures que Luigi met
pour aller au lycée.

GI	VES	PO	LON
PAN	BO	LET	TTES
LO	TE	TA	

....

....

---

4 Complète les phrases avec les mots suivants : des baskets - un imperméable - un pyjama - des lunettes de soleil - un anorak - un maillot de bain.

1. Il pleut, Luigi met ....

2. Il neige, Luigi met ....

3. Il y a du soleil, Luigi met ....

4. Pour dormir, Luigi met ....

5. Pour nager, Luigi met ....

6. Pour faire du sport, Luigi met ....

1 Complète la grille.

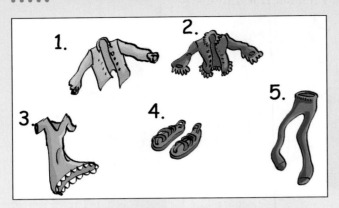

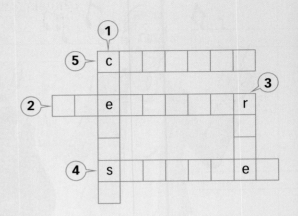

2 Complète les noms des vêtements.

b			m	u		
c		l		a	n	t
			k	e	t	
m	a		t		a	u

Trouve un vêtement et des chaussures avec les lettres manquantes.

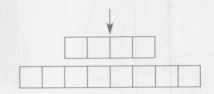

3 Chasse l'intrus.

1. Robe / tailleur / pantalon.
2. Manteau / anorak / pantalon / blouson.
3. Short / bermuda / jean.
4. Chemisier / jupe / chemisette.
5. Costume / jupe / robe.

6. Slip / culotte / collant / pull.
7. Pyjama / chemise de nuit / veste.
8. Culotte / soutien-gorge / slip.
9. Baskets / jogging / costume.

4 Vrai ou Faux

	Vrai	Faux
1. Il pleut, Jenifer met des sandales.	☐	☐
2. Un tailleur est un ensemble chemise + short.	☐	☐
3. Une jupe est un vêtement de fille.	☐	☐
4. Un tailleur est un vêtement de garçon.	☐	☐
5. Il fait froid, Luigi met un anorak.	☐	☐
6. Un jean est un vêtement pour fille et garçon.	☐	☐
7. Un pyjama est un vêtement pour fille et garçon.	☐	☐
8. Un costume est un vêtement de fille.	☐	☐

5

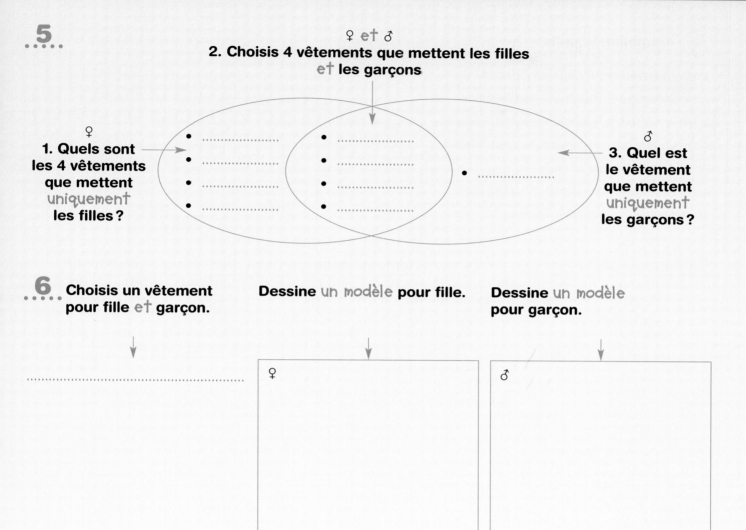

♀ et ♂

2. Choisis 4 vêtements que mettent les filles et les garçons

♀
1. Quels sont les 4 vêtements que mettent uniquement les filles ?

♂
3. Quel est le vêtement que mettent uniquement les garçons ?

6 **Choisis un vêtement pour fille et garçon.**

....

Dessine un modèle pour fille.

♀

Dessine un modèle pour garçon.

♂

7 **Choisis la bonne réponse.**

1. Elle met | un tailleur | un costume | .

2. Le soutien-gorge est | un vêtement | un sous-vêtement | .

3. Il met | une jupe | un gilet | .

4. Il met | une culotte | un slip | .

5. Il fait chaud, elle met | des bottes | des sandales | .

6. Il y a du soleil, elle met | un bonnet | une casquette | .

7. Pour dormir, Jenifer met | une robe | une chemise de nuit | .

8 **Associe les vêtements et les chaussures pour faire une tenue.**

1. tailleur ●

2. jogging ●

3. short ●

● **a.** baskets

● **b.** sandales

● **c.** escarpins

9 **Complète la grille.**

1. Un sous-vêtement pour les garçons.

2. Un vêtement uniquement pour les filles.

3. Un ensemble uniquement pour les garçons.

4. Un vêtement uniquement pour les filles.

5. Un vêtement pour la pluie.

6. Un ensemble uniquement pour les filles.

7. Un sous-vêtement pour les filles.

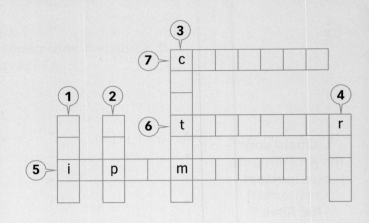

10 **Classe les vêtements. Range les vêtements dans l'armoire. Sur l'étagère de gauche, tu ranges les vêtements qui sont des noms féminins. Sur l'étagère de droite, tu ranges les vêtements qui sont des noms masculins.**

jupe - robe - jean - pantalon - tailleur - costume - short - bermuda - pull - gilet - tee-shirt - chemise - chemisier - chemisette - débardeur - veste - manteau - anorak - imperméable - pyjama - chemise de nuit - soutien-gorge - culotte - slip - collant - maillot de bain - casquette - bonnet.

une	un

11 **Quels vêtements mets-tu pour aller à une fête ?**

Cet après-midi, je vais à une super fête, je me change et je mets mon nouveau jean et mes baskets Niki. Et toi ?

Moi, ...

....

....

....

....

12. Test.

Es-tu branché ?

Elle

- Pour aller au lycée, tu mets
  - ● ☐ une jupe
  - ■ ☐ un jean
  - ▲ ☐ un short

- Il y a du soleil, tu mets
  - ● ☐ un chemisier
  - ▲ ☐ un tee-shirt
  - ● ☐ un tailleur d'été

- Pour aller à une fête, tu mets
  - ● ☐ des escarpins
  - ▲ ☐ des baskets
  - ■ ☐ des sandales

Lui

- Pour aller au lycée, tu mets
  - ▲ ☐ un jogging
  - ● ☐ un costume
  - ■ ☐ un bermuda

- Il y a du soleil, tu mets
  - ▲ ☐ un tee-shirt
  - ● ☐ un costume d'été
  - ■ ☐ une chemisette

- Pour aller à une fête, tu mets
  - ▲ ☐ des baskets
  - ■ ☐ des sandales
  - ● ☐ des chaussures de ville

Réponses :

Tu as 3 ▲ tu t'habilles très à la mode. Bravo !
Tu as 3 ■ tu t'habilles classique.
Tu as 3 ● tu t'habilles très démodé(e).

13. Trouve les quinze noms de vêtements dans la grille et entoure-les.

- 8 mots à la verticale ↑
- 6 mots à l'horizontale →
- 1 mot en diagonale ↘

- escarpins
- anorak
- pull
- robe
- short
- gilet
- veste
- manteau
- chemisier
- chemise
- tee-shirt
- jupe
- jean
- polo
- bottes

Y	O	C	J	P	P	G	B	A	U
C	D	T	U	M	O	I	O	N	R
H	H	J	P	U	L	L	T	O	E
E	E	E	E	O	O	E	T	R	D
M	S	A	M	A	N	T	E	A	U
I	V	N	V	I	E	E	S	K	L
S	E	T	E	M	S	H	O	R	T
E	S	C	A	R	P	I	N	S	N
T	T	S	A	R	O	B	E	L	A
T	E	E	S	H	I	R	T	R	E

9

L'argent de poche

> **Maman, tu me donnes mon argent de poche pour le mois ?**

> **Bon, je te donne 30 euros, et ne dépense pas tout ! Tiens ! je n'ai plus de monnaie, j'ai un billet de 200 !**

> **Pas de problème ! Dans mon porte-monnaie, j'ai des pièces de 50 centimes, de 1 et 2 euros. Dans mon portefeuille, j'ai mis un billet de 5 euros et un de 10. J'ai aussi un billet de 10 dollars que je vais changer. Tu vois, je peux te rendre la monnaie.**

> **Une vraie banque ! ! Tu es riche, pas besoin que je te donne de l'argent.**

- **L'argent de poche** : c'est l'argent que donnent les parents aux adolescents chaque mois ou chaque semaine pour leurs achats personnels.

- **Dépenser de l'argent** : quand on fait un achat, on dépense de l'argent ≠ économiser.

- **L'euro (€)** : c'est la monnaie européenne depuis le 1er janvier 2002. Avant, c'était le franc (F).

- **Les pièces** : il existe des pièces de 1, 2, 5, 10, 20 et 50 centimes (cts), de 1 et 2 €.

- **Les billets** : il existe des billets de 5, 10, 20, 50, 100, 200 et 500 €.

- **Le portefeuille** : c'est l'objet dans lequel on met papiers d'identité, cartes bancaires et billets de banque.

- **Changer des devises** : on va à la banque ou dans un bureau de change pour échanger l'argent d'un pays contre l'argent d'un autre pays. *Exemple :* Je change des euros pour avoir des dollars.

- **Ne pas avoir de monnaie** : quand on n'a pas de monnaie, c'est qu'on n'a pas de pièces pour payer.

- **Rendre la monnaie** : on paie un achat, on a plus que la somme correspondant au prix, le commerçant rend la différence.

- **En France**, à partir de 12 ans et avec l'autorisation de tes parents, tu peux ouvrir un compte à la banque et avoir une carte bancaire pour retirer de l'argent au distributeur.

- **Tu peux retirer de l'argent** : au distributeur automatique de billets avec ta carte bancaire en tapant ton code secret ou au guichet à la banque.

- **Riche ≠ pauvre** : riche, qui a beaucoup d'argent – pauvre, qui n'a pas d'argent.

De l'argent : mot qui a le plus d'équivalents en français.

Mots familiers : du fric, des sous, des ronds, de la thune, de l'oseille, du blé, du pognon, du flouze, des pépètes.

1. Associe à la bonne définition.

1. Rendre la monnaie
2. Un portefeuille
3. Retirer de l'argent
4. Un distributeur automatique de billets
5. Une banque
6. Un code de carte bancaire.

a. Une entreprise où l'on peut déposer de l'argent.
b. Une machine qui donne de l'argent liquide.
c. Plusieurs chiffres nécessaires pour utiliser sa carte bancaire.
d. Rendre de l'argent parce qu'on a donné plus que le prix demandé.
e. Sortir de l'argent au distributeur ou au guichet à la banque.
f. Une pochette pour mettre des billets de banque.

2. Vrai ou Faux ?

	Vrai	Faux
1. L'argent de poche, c'est l'argent qu'on a dans sa poche.	☐	☐
2. Il y a des billets de 50 centimes.	☐	☐
3. Il y a des billets de 500 euros.	☐	☐
4. L'euro est la monnaie éthiopienne.	☐	☐
5. Pour utiliser une carte bancaire, il faut connaître le code.	☐	☐
6. Il y a des pièces de 10 €.	☐	☐
7. On est riche quand on n'a pas d'argent.	☐	☐
8. Dans un porte-monnaie, on met des pièces et des billets.	☐	☐
9. La monnaie française est le franc.	☐	☐
10. Pour avoir une carte bancaire, il faut avoir un compte à la banque.	☐	☐
11. En France, on peut avoir une carte bancaire à partir de 16 ans.	☐	☐

3. Associe pour faire une phrase.

1. Ma mère me donne de l'argent de poche
2. Avec ma carte bancaire je peux
3. Pour payer un croissant de 0,85 €, je donne 10 € ;
4. Je retire de l'argent
5. J'économise :
6. Je change de l'argent
7. Je suis pauvre,

a. retirer de l'argent.
b. dans un bureau de change.
c. chaque mois, je mets 15 € sur mon compte bancaire.
d. je n'ai plus d'argent.
e. le boulanger me rend la monnaie, il donne 9,15 €.
f. au guichet à la banque.
g. chaque semaine.

10 Faire les magasins

• Lucie part en voyage, elle veut faire les magasins / faire les *boutiques** /
faire des emplettes / faire des achats / faire du shopping.
Elle fait les vitrines. Ce sont les soldes, il y a 50 % de réduction !

■ **Le vendeur dit :**

> **Bonjour madame / mademoiselle / monsieur,** vous désirez ?
> *Est-ce que je peux vous aider ? / Je peux vous aider ?*
> *Est-ce que je peux vous renseigner ? /*
> *Je peux vous renseigner ?*

■ **Tu réponds :**

> **Oui merci,** je voudrais ...., s'il vous plaît.

C'est cher !

■ **Tu demandes le prix :**

> *Combien ça coûte ? / Ça coûte combien ? / C'est combien ? /*
> *C'est quel prix ? / Quel est le prix ? / Combien je vous dois ?*

■ **Le vendeur dit :**

> *Vous désirez autre chose ? / C'est tout ?*

C'est pas cher ! /
C'est bon marché !

On trouve tout au grand magasin SUPERPRIX

8e étage

- un CD
- des livres
- une bande dessinée
- un sac à main
- un ballon
- une raquette de tennis
- des chaussures
- des vêtements pour les hommes
- des vêtements pour les femmes
- un flacon de parfum
- une caisse
- un gloss
- un escalator

On peut aussi acheter dans les magasins :

Chez un disquaire

Dans une librairie

Dans une maroquinerie

Dans un magasin d'articles de sport

Dans un magasin de chaussures, tu demandes ta pointure.

Dans un magasin de vêtements, tu demandes ta taille.

Dans une parfumerie

---

* Mot familier : *boutique* = magasin.

1. Associe. Attention : il peut y avoir plusieurs réponses possibles !

Lucie veut acheter :

1. un tee-shirt
2. un livre
3. un parfum
4. une crème hydratante
5. une crème solaire
6. un sac à main
7. une raquette de ping-pong
8. des baskets
9. un CD
10. un sac de voyage
11. un rouge à lèvres
12. des bottes
13. une bande dessinée

Elle va :

a. dans un magasin de chaussures

b. dans une maroquinerie

c. dans une parfumerie

d. dans un magasin de vêtements

e. chez un disquaire

f. dans un magasin d'articles de sport

g. dans une librairie

2. Remets le dialogue en ordre et complète les bulles.

a. – 20 euros, il y a 50 % de réduction, ça fait 10 euros.

b. – Vous désirez ?

c. – Oui, en quelle taille ?

d. – C'est pas cher !

e. – Je voudrais le tee-shirt qui est dans la vitrine.

f. – En 38, je le prends, c'est combien ?

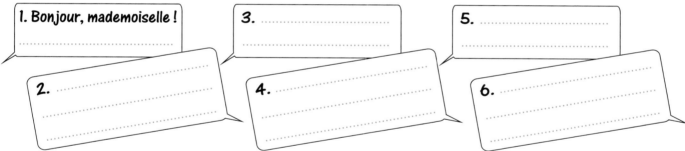

1. Bonjour, mademoiselle !

2.

3.

4.

5.

6.

3. Complète le texte et le dialogue avec les expressions et mots suivants :

vous désirez autre chose - je voudrais - fait des achats - est-ce que je peux vous renseigner - 8ᵉ étage - une librairie - ça coûte combien - grand magasin - la caisse.

Linda .... Elle va au ....

Elle prend l'escalator. Elle monte au .... Elle achète un CD. Elle paie à ....

Elle rentre ensuite dans .... Elle veut acheter un livre d'exercices pour travailler le français.

Le libraire : Bonjour, mademoiselle, ... ?

Linda : Oui, ... un livre d'exercices de vocabulaire pour perfectionner mon français.

Le libraire : Je vous conseille ce livre.

Linda : Merci, ... ?

Le libraire : 12 euros. .... ?

Linda : Non merci, au revoir monsieur.

1. Trouve les deux mots cachés.

D	R	R	B
U	U	S	T
T	I	I	E

A	T	A
H	C	S

2. Chasse l'intrus.

1. Cliente / vendeuse / étudiante.

2. Vous désirez ? / c'est tout ? / je peux vous aider ?

3. C'est combien ? / combien tu as d'argent de poche ? / combien ça coûte ?

4. Portefeuille / carte bancaire / porte-monnaie.

5. Vous désirez autre chose ? / c'est bon marché ? / c'est tout ?

6. Magasin de vêtements / grand magasin / parfumerie.

7. Magasin / boutique / banque.

8. Acheter / économiser / payer.

3. Complète la grille.

1. On le range dans un portefeuille ou un porte-monnaie.

2. Une boutique.

3. On l'achète dans un magasin d'articles de sport.

4. Ne pas économiser.

5. La réponse à la question : combien ça coûte ?

6. Chiffres nécessaires pour utiliser la carte bancaire.

7. Plus petits que 1 euro.

8. Dépenser de l'argent.

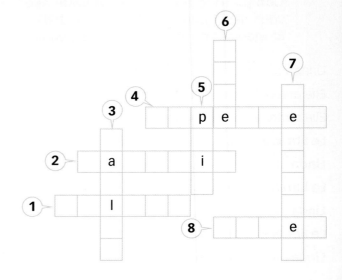

4 Vrai ou Faux ?

	Vrai	Faux
1. Un disquaire vend des parfums.	☐	☐
2. Dans une librairie, on vend des livres.	☐	☐
3. Économiser, c'est garder une réserve d'argent.	☐	☐
4. Au grand magasin, on vend seulement des vêtements.	☐	☐
5. Dans un magasin d'articles de sport, on peut acheter un livre.	☐	☐
6. L'argent est aussi un métal.	☐	☐
7. Au distributeur, on peut retirer des pièces avec sa carte bancaire.	☐	☐
8. Dans les grands magasins, on vend seulement de l'alimentation.	☐	☐
9. Dans les magasins, on paie à la caisse.	☐	☐

5 Choisis la bonne réponse. Attention : il peut y avoir deux réponses possibles !

1. Vous désirez ?
☐ c'est demander au client ce qu'il veut.
☐ c'est demander au client sa taille.

2. Il n'a plus d'argent.
☐ il a tout dépensé.
☐ il a tout rangé.

3. La vendeuse rend la monnaie.
☐ il a payé la somme juste.
☐ il a donné une somme supérieure au prix.

4. Dans un magasin de sport, on achète :
☐ un maillot de bain.
☐ un short.
☐ une robe.

5. Il prend l'escalator.
☐ il prend l'escalier mécanique.
☐ il prend l'escalier en bois.

6. Dans une parfumerie, on achète :
☐ une crème hydratante pour le visage.
☐ un dentifrice.

7. L'euro est la monnaie :
☐ française.
☐ brésilienne.
☐ grecque.

8. Il existe des pièces de :
☐ 1 €
☐ 2 €
☐ 5 €

6 Trouve la bonne définition.

1. Les chaussures sont dans la vitrine.
Les chaussures sont exposées derrière une vitre en verre. / Les chaussures sont sur des étagères.
2. Il économise.
Il garde une réserve d'argent. / Il range les billets dans un portefeuille.
3. Il achète pendant la période des soldes.
Il achète gratuitement. / Il achète quand les magasins font des réductions.
4. Est-ce que je peux vous renseigner ?
Est-ce que je peux vous aider ? / Est-ce que ça vous va bien ?
5. La caisse d'un magasin, c'est :
Une boîte en carton / Une machine qui additionne avec un tiroir pour ranger la monnaie.

7 **Complète les phrases avec les mots suivants :** pointure - l'escalator - porte-monnaie - c'est cher - c'est bon marché - magasin de vêtements - au bureau de change - une maroquinerie.

1. Lucie entre dans un ....

2. Lucie achète un pull 100 €, ...

3. Lucie n'a pas assez d'argent dans son ....

4. Lucie change des devises ....

5. Lucie achète un pull 5 €, ...

6. Au grand magasin, pour aller au 8ᵉ étage, Lucie prend ....

7. Lucie achète un sac de voyage, elle va dans ....

8. Lucie achète des chaussures, elle demande sa .... à la vendeuse.

8 **Que font Lucie, Valentine et Léo avec l'argent de poche ?**
Lis le dialogue et fais les exercices a, b et c.

Lucie : J'ai un compte à la banque avec une carte bancaire, mais j'économise. Je ne dépense pas beaucoup, je voudrais avoir un portable. Je n'achète que des choses qui ne coûtent pas cher.

Valentine : J'ai un compte sans carte, je ne dépense rien, j'aime avoir des sous à la banque ou dans ma tirelire.

Léo : J'ai un compte avec une carte, je dépense tout mon argent pour acheter des vêtements, des CD, des jeux vidéo, des cédéroms. Ma mère n'est pas contente.

a) Vrai ou Faux ?

	Vrai	Faux
1. Lucie a un compte à la banque et elle n'a pas de carte bancaire.	☐	☐
2. Valentine a un compte à la banque et elle a une carte bancaire.	☐	☐
3. Léo a un compte à la banque et il a une carte bancaire.	☐	☐

b) Réponds aux questions.

1. Pourquoi Lucie ne dépense pas beaucoup d'argent ?

....

....

2. Pourquoi Valentine ne dépense rien ?

....

....

3. Pourquoi Léo dépense tout son argent ?

....

....

c) Et toi, que fais-tu avec ton argent de poche ?

....

....

....

....

9 **Qui parle ?**

	La vendeuse	La cliente Lucie
1. – Bonjour mademoiselle, vous désirez ?	☐	☐
2. – Je voudrais le parfum Panel 19, s'il vous plaît, c'est pour ma mère.	☐	☐
3. – Il coûte combien ?	☐	☐
4. – 75 €.	☐	☐
5. – C'est cher !	☐	☐
6. – Vous avez un flacon plus petit ?	☐	☐
7. – Oui, c'est 50 €.	☐	☐
8. – Vous avez un échantillon *?	☐	☐

* *Échantillon* = petit flacon, modèle réduit.

10 **Complète le dialogue avec les expressions et mots suivants :** Je voudrais - je n'ai pas de monnaie - C'est combien - s'il vous plaît - je vous rends la monnaie.

– Bonjour mademoiselle !

– Bonjour madame.

– .... une baguette, ...

– .... ?

– 0,75 euro.

– J'ai un billet de 50, ...

– Pas de problème, ...

– Merci, au revoir madame !

– Au revoir mademoiselle !

11 **Complète le texte avec les expressions et mots suivants :** retirer - la banque - un grand magasin - guichet - les prix - de l'argent - carte bancaire - les soldes.

Lucie dit à Valentine :

« Ce sont .... à Superprix. C'est .... où les vêtements ne sont pas chers,

.... sont entre 5 et 10 euros.

Je dois retirer ....

J'ai oublié ma .... dans mon sac à main. Je suis obligée d'aller à .... pour ....

de l'argent au .... »

12 **Tu veux acheter une raquette de tennis, tu rentres dans un magasin d'articles de sport. Imagine le dialogue avec la vendeuse.**

....

....

....

....

Le rendez-vous

11

Ton **car** est à l'angle de la rue de **Rivoli et** de l'avenue de l'Opéra, au niveau du **métro Palais-Royal.** Je crois que c'est tout droit.

Rue de Rivoli ✕

Avenue de l'Opéra

Pardon madame, où est **la** station de métro **Palais-Royal ?**

Vous traversez **la Seine,** vous allez tout droit, vous arrivez sur une place, vous prenez le boulevard à gauche, en face de **la sortie du métro Sully-Morland.**

Quai des Célestins ←

Seine

Ensuite, vous allez tout droit, vous passez devant **le musée du Louvre,** vous prenez la 1re à droite, **puis la 1re à gauche. Le métro Palais-Royal est** au bout de l'avenue de l'Opéra. C'est loin , environ 45 minutes à pied !

Louvre

Bon, on prend le métro !

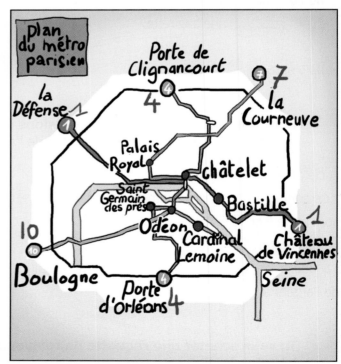

Plan du métro parisien

Porte de Clignancourt

la Défense 1

4

7

la Courneuve

Palais Royal

châtelet

Saint Germain des prés

Bastille

10

Odéon

Cardinal Lemoine

Château de Vincennes 1

Boulogne

Porte d'Orléans 4

Seine

devant ≠ derrière
c'est loin ≠ c'est près
Une rue est plus petite qu'une avenue
ou un boulevard.

Nous sommes à Cardinal-Lemoine. On prend la ligne 10, direction **Boulogne,** on change à **Odéon,** ensuite on prend la direction **Porte-de-Clignancourt,** on change à Châtelet, on prend la direction **La Courneuve** et on descend à Palais-Royal, il y a deux changements !

.1. Trouve le café Les Grandes Marches sur le plan, en suivant les indications de Lucie.

> **Je te donne rendez-vous au café** Les Grandes Marches.
> **Tu es place des Vosges,** tu passes devant **le café restaurant La Chope des Vosges.** Tu prends
> **la rue du Pas-de-la-Mule, tu prends** la deuxième à droite, tu arrives sur un boulevard. **Tu vas**
> tout droit, tu traverses la place **et le café est** à gauche.

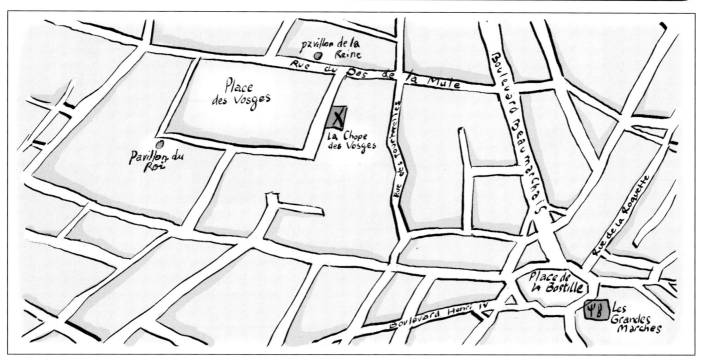

.2. Regarde le plan et réponds aux questions.

	Vrai	Faux
1. La place des Vosges est au bout de la rue du Pas-de-la-Mule.	☐	☐
2. La place des Vosges est à l'angle de la rue des Tournelles et de la rue du Pas-de-la-Mule.	☐	☐
3. Place des Vosges : le pavillon de la reine est à l'angle du pavillon du roi.	☐	☐
4. Pour aller du boulevard Henri-IV jusqu'à la rue de la Roquette, tu traverses la place de la Bastille.	☐	☐

.3. Regarde le plan de métro page 48 et dis comment tu vas de la station Bastille à la station Saint-Germain-des-Prés et de Saint-Germain-des-Prés à Palais-Royal. Indique la direction, la ligne, les changements.

1. De Bastille à Saint-Germain-des-Prés : ....

....

....

2. De Saint-Germain-des-Prés à Palais-Royal : ....

....

....

Ça roule !

TGV = Train à Grande Vitesse.   SNCF = Société Nationale des Chemins de Fer.   Chemin de fer = rails

■ On achète :

• Un billet de train : au guichet à la gare, à la billetterie automatique à la gare, dans certaines agences de voyages, sur Internet, par téléphone.
On doit composter son billet de train. Le contrôleur contrôle les billets dans le train.

• Un billet d'avion : au guichet d'une compagnie aérienne à l'aéroport, dans une agence de voyages, sur Internet, par téléphone.

Le conducteur conduit le train, le car.   Le chauffeur conduit la voiture, le car.
Le pilote conduit l'avion.   Le motard conduit la moto.

■ Les transports en commun : le métro et le bus.

On achète un ticket pour circuler en métro et en bus.
On peut acheter un carnet de 10 tickets.
On doit composter son ticket.
On dit : une station de métro – un arrêt de bus.

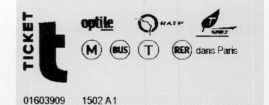

* Mots familiers : *ouais* = oui ; *c'est nul* = c'est mauvais / c'est pas bien ; *le top* = le mieux ; *c'est super* = c'est très bien ; *tu parles !* = c'est pas vrai !

.1. **Mets dans l'ordre ce que tu dois faire pour prendre le métro, le bus, le train ou l'avion.**

Le métro

☐ Monter dans le métro.

☐ Regarder un plan de métro, pour voir quelle ligne, quelle direction prendre et s'il y a des changements.

☐ Composter le ticket.

☐ Attendre le métro sur le quai.

☐ Acheter un ticket.

☐ Descendre à la station.

Le bus

☐ Descendre du bus.

☐ Regarder le trajet du bus à l'arrêt.

☐ Attendre le bus.

☐ Composter le ticket.

☐ Acheter un ticket.

☐ Monter dans le bus.

Le train

☐ Acheter un billet.

☐ S'informer sur les horaires* et le trafic *.

☐ Réserver un billet.

☐ Prendre le train.

L'avion

☐ Prendre l'avion.

☐ Acheter un billet.

☐ Enregistrer ses bagages.

☐ Réserver un billet.

☐ S'informer sur le prix, les horaires.

☐ Aller à l'aéroport.

———————————
Les horaires = les heures de départ, d'arrivée.
Le trafic = les changements de train.

.2. **Complète la grille.**

1. Il roule sur des rails.

2. Elle roule sur la route et elle a 4 roues.

3. Il y a la 1re et la 2de.

4. On l'achète pour prendre l'avion ou le train.

5. Le pays ou la ville où on arrive.

6. Un transport en commun.

7. Lieu où on prend l'avion.

8. Lieu où on prend le train.

9. Il vole.

10. Transport en commun.

11. On l'achète pour prendre les transports en commun.

12. Valider son billet de train ou son ticket de métro et de bus.

.1. **Qui conduit ?**
Associe.

1. le pilote ●
2. le conducteur ●
3. le chauffeur ●
4. le motard ●

● a. la voiture
● b. le car
● c. l'avion
● d. la moto
● e. le train

.2. **Où peut-on prendre les transports ?**
Associe.

1. l'arrêt ●
2. l'aéroport ●
3. la gare ●
4. la station ●

● a. le métro
● b. le bus
● c. l'avion
● d. le train

.3. **Devinettes.**

1. Qu'est-ce qui est très rapide et circule dans le ciel ?

....

2. Qui circule dans le train pour contrôler les voyageurs ?

....

3. Qu'est-ce qui est en carton de couleur mauve et que tu dois composter ?

....

4. Qu'est-ce qui roule sur des rails et circule à Paris ?

....

.4. **Choisis la bonne réponse.**

1. Le T.G.V
☐ Transport à Grande Vitesse
☐ Turbo à Grande Vitesse
☐ Train à Grande Vitesse

2. La SNCF
☐ Société Nationale de Communication Française
☐ Société Nationale des Chemins de Fer
☐ Société Naturelle des Chemins Fertiles

.5. **Associe le moyen de transport et son usage. Attention : plusieurs réponses possibles !**

a. Le métro ●
b. Le car ●
c. Le train ●
d. L'avion ●
e. La moto ●
f. La voiture ●
g. Le bus ●

● 1. Transport pour circuler en ville.
● 2. Transport pour circuler d'une ville à une autre ville.
● 3. Transport pour circuler d'un pays à un autre pays.

.6. **Choisis le bon mot.**

1. Stanislas va / passe tout droit.

2. Luigi passe / prend devant le lycée.

3. Lucie prend / va au bout de la rue.

4. Nicolas prend / tourne la première à droite.

5. Jenifer traverse / va la place.

..7.. **Trouve le contraire.**

1. Loin → ≠ ....

2. Derrière → ≠ ....

3. À gauche → ≠ ....

4. Aller tout droit → ≠ ....

..8.. **Écris les dialogues suivant l'exemple et en utilisant les expressions suivantes.**

– Vous tournez à droite.

– Vous traversez la Seine.

– C'est en face de la gare.

– Vous prenez la première à gauche.

– Vous passez devant le Café de Paris.

Exemple :

– Pardon monsieur, où est la gare, s'il vous plaît ?

– C'est tout droit.

....

....

....

....

....

....

.9. **Les transports en commun : le bus. Lis le texte et fais les exercices 1 et 2.**

Les lignes de bus sont numérotées, on dit : le 20, le 21, etc.
À Paris, le 69 va de l'arrêt Place Gambetta jusqu'à l'arrêt Bac-Saint-Germain, c'est le terminus.
Le trajet* de chaque ligne est affiché à l'arrêt du bus et dans le bus.

_____
*Le trajet = le chemin.

1. Réponds aux questions.

a) Où peut-on s'informer sur le trajet du bus ?

....

....

b) C'est quoi le terminus ?

....

....

c) Quel est l'arrêt de départ et le terminus du 69 ?

....

....

2. Sur le plan, trace le trajet du 69 en suivant les indications.

Le départ du bus est place Gambetta.
Tu prends l'avenue Gambetta, tu vas tout droit
jusqu'à la rue du Chemin-Vert.
Rue du Chemin-Vert, tu prends la première
à gauche, au bout de la rue, tu tournes à droite,
tu prends la rue de la Roquette. Tu vas tout
droit jusqu'à la place de la Bastille.
Tu traverses la place, en face de l'Opéra Bastille,
tu prends la rue Saint-Antoine.
Tu continues tout droit rue de Rivoli, tu passes
devant l'Hôtel de Ville, le Pont-Neuf
et le musée du Louvre.
Au niveau du métro Palais-Royal, tu traverses
la Seine. Tu vas tout droit jusqu'à l'angle
de la rue du Bac et du boulevard Saint-
Germain. C'est le terminus du 69, l'arrêt du
bus s'appelle Bac-Saint-Germain.

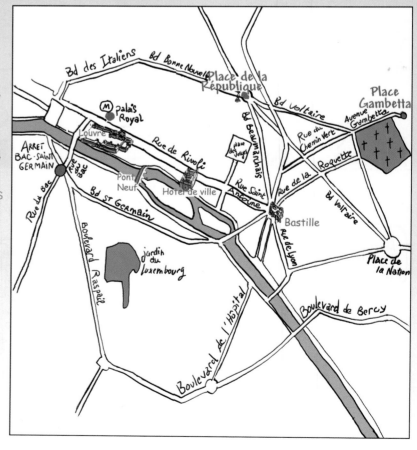

10. Vrai ou Faux ?

	Vrai	Faux
1. Un aller simple, c'est un billet pour aller (1 trajet).	☐	☐
2. Un aller-retour, c'est un billet pour aller et pour revenir (2 trajets).	☐	☐
3. Le TGV est un train moins rapide que les autres trains.	☐	☐
4. La SNCF est une compagnie aérienne.	☐	☐
5. La seconde classe est moins chère que la première.	☐	☐
6. Dans le métro, il y a deux classes.	☐	☐
7. Composter son billet ou son ticket : c'est le rentrer dans une machine.	☐	☐
8. Aller à pied : c'est marcher.	☐	☐
9. Un carnet de tickets de métro, c'est 10 tickets.	☐	☐

11. Complète les phrases avec les expressions et mots suivants : à pied - à l'angle de - un aller-retour - la deuxième à gauche - changements - composter - traversez - descend.

1. Elle .... à la station Châtelet.

2. Elle va .... au musée du Louvre.

3. Pour aller à l'île Saint-Louis, vous .... la Seine.

4. .... la rue du Bac et du boulevard Saint-Germain, il y a l'arrêt du 69.

5. Elle achète ...., Paris-Marseille / Marseille-Paris, au guichet à la gare.

6. Vous prenez la première à droite, puis ....

7. On doit .... son billet avant de monter dans le train.

8. Lucie prend le métro à Bastille, elle va à Cardinal-Lemoine : il y a deux ....

12. Lucie achète un billet de train au guichet à la gare. Complète le dialogue avec les expressions et mots suivants : TGV - arrivée - départ - retour - aller-retour - (Paris-Marseille / Marseille-Paris) - seconde.

Lucie : Bonjour monsieur.

Le vendeur : Bonjour mademoiselle, vous désirez ?

Lucie : Je voudrais un billet pour Marseille.

Le vendeur : Aller simple ou .... ?

Lucie : Un aller-retour ....

Le vendeur : Pour quel jour ?

Lucie : Départ le 15 août et .... le 20 août.

Le vendeur : En .... ?

Lucie : Oui, en TGV, c'est plus rapide.

Le vendeur : En première ou en .... classe.

Lucie : En seconde.

Le vendeur : À quelle heure ?

Lucie : Le matin.

Le vendeur : Vous avez un .... à Paris gare de Lyon à 8 heures. .... à Marseille à 11 h 45.

Lucie : Super ! Paris-Marseille en trois heures quarante-cinq.

13

L'arrivée

LA MAISON · LE MOBILIER

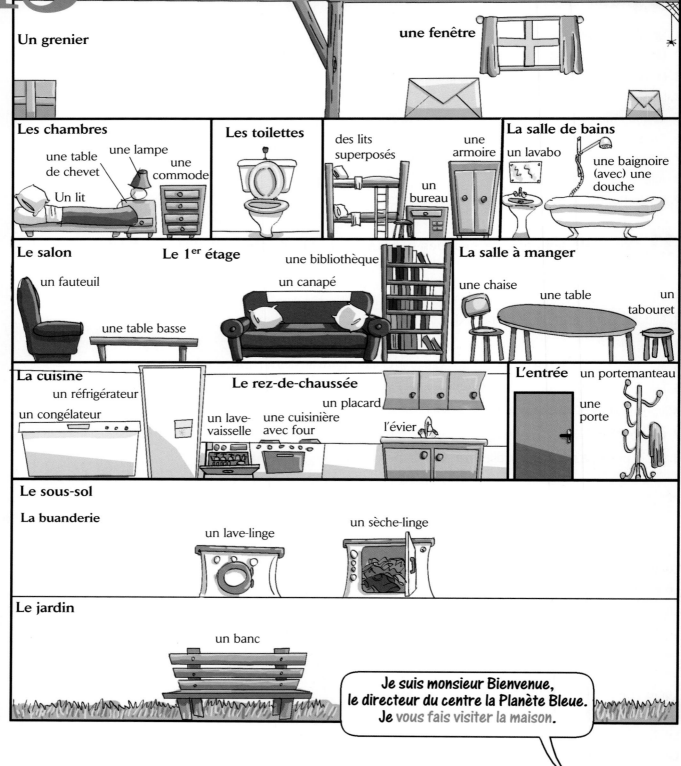

Un grenier

une fenêtre

Les chambres
une table de chevet — une lampe — une commode
Un lit

Les toilettes

des lits superposés — une armoire — un bureau

La salle de bains
un lavabo — une baignoire (avec) une douche

Le salon **Le 1ᵉʳ étage**
un fauteuil — une bibliothèque — un canapé — une table basse

La salle à manger
une chaise — une table — un tabouret

La cuisine
un réfrigérateur — un congélateur

Le rez-de-chaussée
un placard — un lave-vaisselle — une cuisinière avec four — l'évier

L'entrée un portemanteau
une porte

Le sous-sol

La buanderie
un lave-linge — un sèche-linge

Le jardin
un banc

Je suis monsieur Bienvenue, le directeur du centre la Planète Bleue. Je **vous fais visiter la maison.**

1 Trouve les dix noms de meubles dans la grille.

P	L	A	C	A	R	D	E	A
T	A	B	O	U	R	E	T	R
A	L	I	T	C	V	H	A	M
B	U	R	E	A	U	O	G	O
L	J	C	H	A	I	S	E	I
E	G	M	E	V	I	E	R	R
X	C	O	M	M	O	D	E	E

2 Choisis la bonne réponse.

1. Lucie fait la cuisine dans | le salon | la salle de bains | la cuisine |.

2. Lucie mange dans | la chambre | la salle à manger | l'entrée |.

3. Lucie se lave dans | la cuisine | le grenier | la salle de bains |.

4. Lucie dort dans | les toilettes | la chambre | la cuisine |.

5. Lucie regarde la télévision dans | le jardin | le salon | la buanderie |.

6. Lucie lave le linge dans | l'entrée | la buanderie | le salon |.

7. Lucie se lave les dents | dans la buanderie | le salon | la salle de bains |.

8. Lucie se maquille dans | la salle à manger | la cuisine | la salle de bains |.

9. Lucie fait la sieste dans | les toilettes | l'entrée | la chambre |.

10. Lucie lit un livre dans | la salle de bains | le salon | les toilettes |.

3 Quels meubles mets-tu dans chaque pièce ?
Trouve les erreurs.

La cuisine	La chambre	La salle à manger	La salle de bains
L'évier	La lampe	La baignoire	Le canapé
La cuisinière	L'armoire	L'évier	Le fauteuil
La table	Le lave-linge	Le congélateur	La bibliothèque
Le réfrigérateur	Le canapé	La douche	Le placard
Le lavabo	La baignoire	Le banc	Le lit
Le lave-vaisselle	Le sèche-linge	La table	La baignoire
Les chaises	Le bureau	Les chaises	L'évier
La table basse	La table de chevet	L'armoire	La douche
Le placard	La chaise	Le lit	Le lavabo
Le congélateur	Le placard		Le miroir

14

Pour qui les corvées ?

Noriko range la vaisselle dans le lave-vaisselle.
Elle met la machine en marche.

Paco lave les verres dans l'évier.
Il fait la vaisselle avec du produit vaisselle.

Malika essuie la vaisselle avec un torchon.

Jenifer lave le linge à la main avec de la lessive.

Marcel lave les vitres.

Lamine repasse les chemises.
Il fait du repassage.

Il plie les chemises.

Il range les chemises.

Nicolas range sa chambre.

Luigi lave le sol. Il frotte fort avec un balai brosse et une serpillière.
Le sol est très sale.

Nicolas passe l'aspirateur sur le tapis.

Marcel balaie.

Linda nettoie la table avec une éponge.

Petra dépoussière les meubles avec un chiffon.

Et que fait Lucie ?

Sale ≠ propre.

1. Choisis la bonne réponse.

1. Lucie | fait | range | le ménage.
2. Noriko | frotte | fait | le repassage.
3. Paco | fait | passe | la vaisselle.
4. Linda | lave | balaie | les vitres.
5. Lamine | passe | fait | son lit.
6. Marcel | fait | plie | les chemises.
7. Petra | lave | balaie | le linge.

8. Malika | passe | fait | l'aspirateur.
9. Luigi | range | plie | la vaisselle.
10. Jenifer | balaie | nettoie | la table.
11. Nicolas | essuie | passe | la vaisselle.
12. Petra | range | passe | sa chambre.
13. Stanislas | plie | dépoussière | les meubles.

2. Réponds aux questions. Trouve le bon objet pour faire le ménage.

*Exemple : Est-ce que Luigi lave le sol avec **un chiffon** ?*

Non, Luigi lave le sol avec **un balai brosse et une serpillière.**

1. Est-ce que Lamine repasse les chemises avec l'aspirateur ?

   Non, ...

2. Est-ce que Linda nettoie la table avec la serpillière ?

   Non, ...

3. Est-ce que Jenifer lave le linge avec du produit vaisselle ?

   Non, ...

4. Est-ce que Paco fait la vaisselle avec de la lessive ?

   Non, ...

5. Est-ce que Malika essuie la vaisselle avec une éponge ?

   Non, ...

6. Est-ce que Petra dépoussière le tapis avec un torchon ?

   Non, ...

3. Sur le modèle de l'exercice 2, dis ce que font Petra, Nicolas, Stanislas et dis quel est le bon objet pour faire le ménage.

- Petra : ....

  ....

  ....

- Nicolas : ....

  ....

  ....

- Stanislas : ....

  ....

  ....

1 Range les objets à la bonne place. Attention : il y a plusieurs réponses possibles !

On range :

1. la vaisselle
☐ dans le placard.
☐ dans l'armoire.
☐ dans la commode.
☐ dans le réfrigérateur.

3. les livres
☐ dans le placard.
☐ dans la bibliothèque.
☐ sur la table.
☐ dans la commode.

2. les chaussures
☐ sur le bureau.
☐ dans l'armoire.
☐ dans le placard.
☐ dans le four.

4. l'alimentation
☐ dans le congélateur.
☐ sur la table de chevet
☐ dans le placard.
☐ dans le réfrigérateur.

2 Sépare les mots pour trouver les meubles qui sont dans la chambre de Lucie.

DanslachambredeLucieilyaunetabledechevetunlitunearmoireunbureauunechaiseuneétagèretunfauteuil.

3 Regarde le plan de l'appartement de Lucie à Paris, et construis-le.

1. Place les pièces suivantes :

a. l'entrée - **b.** le salon - **c.** la salle à manger - **d.** la chambre de Lucie - **e.** la chambre des parents - **f.** la cuisine - **g.** la salle de bains - **h.** les toilettes - **i.** le couloir.

2. Place dans les pièces les objets suivants :

1. une lampe - **2.** une table - **3.** un lave-vaisselle - **4.** un bureau - **5.** un fauteuil - **6.** le lit de Lucie - **7.** un placard - **8.** une cuisinière - **9.** une étagère - **10.** un lavabo - **11.** un évier - **12.** un canapé - **13.** une table de chevet - **14.** le lit des parents - **15.** les chaises - **16.** une armoire - **17.** un réfrigérateur - **18.** une baignoire - **19.** un lave-linge.

4 **Rébus. Trouve le mot qui se cache derrière les deux dessins.**

C'est dans la salle de bains.

5 **Vrai ou Faux ?**

	Vrai	Faux
1. On lave la vaisselle dans l'évier de la cuisine.	☐	☐
2. On lave le linge dans la chambre.	☐	☐
3. On range le linge dans l'armoire.	☐	☐
4. Le congélateur sert à garder les aliments plusieurs mois.	☐	☐
5. On repasse les vêtements sur une table à repasser.	☐	☐
6. Il y a des fauteuils autour de la table.	☐	☐
7. Au sous-sol d'une maison, il y a la salle à manger.	☐	☐
8. On range des objets inutiles dans le grenier.	☐	☐
9. Faire le ménage, c'est ranger et nettoyer la maison.	☐	☐
10. Le fauteuil, le canapé, la chaise, le tabouret sont des meubles pour s'asseoir.	☐	☐
11. Le lavabo est dans la cuisine.	☐	☐
12. Les lits superposés sont deux lits l'un au-dessus de l'autre.	☐	☐

6 **Chasse l'intrus.**

1. Commode / armoire / placard / table.

2. Entrée / cuisine / couloir.

3. Éponge / serpillière / lessive / vitre.

4. Aspirateur / linge / balai.

5. Congélateur / lit / réfrigérateur.

6. Évier / douche / lavabo.

7. Salle à manger / salon / armoire.

8. Bureau / table de chevet / placard / table.

9. Four / cuisinière / lampe / évier.

10. Lavabo / canapé / baignoire / douche.

11. Tabouret / canapé / table / chaise.

7 Test.

Es-tu ordonné(e) ?

• Est-ce que tu ranges ta chambre :

tous les jours   □ ●

une fois par semaine □ ■

une fois par mois   □ ◆

jamais   □ ▲

• Tu repasses tes vêtements   □ ●
• Tu mets des vêtements froissés □ ▲

• Tu fais ton lit :

le matin   □ ●

le soir avant de dormir □ ■

une fois par semaine □ ◆

jamais   □ ▲

• Tu préfères :

passer l'aspirateur □ ◆

balayer   □ ▲

laver les vitres   □ ●

plier le linge   □ ■

Réponses :

Tu as   **4 ●** Bravo, tu es une vraie fée du logis !

Tu as 2 ou 3 ■ Le désordre ne te dérange pas, jusqu'à un certain point.

Tu as 2 ou 3 ◆ Vive le désordre ! Tu ranges parfois pour faire plaisir à tes parents.

Tu as 3 ou 4 ▲ Vive le désordre ! Tu aimes vivre dans les tas de vêtements, papiers, bandes dessinées…

8 Complète la grille.

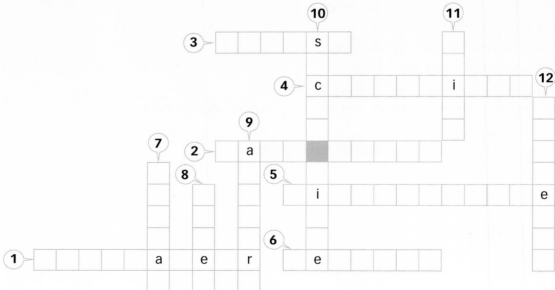

1. Un appareil pour dépoussiérer.

2. Un appareil pour laver le linge.

3. Un meuble pour s'asseoir.

4. Un appareil pour faire la cuisine.

5. Un meuble pour ranger des livres.

6. Un produit pour laver le linge.

7. Un meuble pour travailler, étudier.

8. Nettoyer avec de l'eau.

9. Un meuble pour ranger les vêtements.

10. Un appareil pour sécher le linge.

11. Avant de ranger les chemises dans l'armoire.

12. Un meuble pour s'asseoir confortablement

9 **Complète les phrases avec les mots suivants :** le balai brosse - sale - fait - met - plie - passe - du produit vaisselle - repasse - frotte - une éponge - range - nettoie - le sol - la cuisine - la salle à manger - le jardin.

1. Aujourd'hui, tout le monde .... le ménage.

2. Lamine .... les chemises.

3. Dans ...., Paco .... la vaisselle dans le lave-vaisselle.

4. Petra .... la machine en marche.

5. Dans ...., Marcel .... la table avec une éponge.

6. Stanislas .... l'aspirateur.

7. Lucie lave .... avec la serpillière et ....

8. Noriko fait la vaisselle avec une .... et ....

9. Dans ...., monsieur Bienvenue lave sa voiture. Il .... très fort parce que sa voiture est très ....

10. Malika range sa chambre, elle .... ses vêtements.

10 **Monsieur Roussier désire acheter la maison du camp de vacances la Planète Bleue. Il visite la maison. Complète le discours de l'agent immobilier avec les mots suivants :** au rez-de-chaussée - un salon - une salle à manger - un banc - un grenier - une cuisine - une salle de bains - une buanderie.

L'agent immobilier : Bonjour, monsieur Roussier.

Voilà la maison : il y a un grand jardin avec .... Il y a .... au sous-sol pour laver et sécher le linge. ...., il y a .... spacieuse* et une entrée.

Au 1er étage : .... et .... très ensoleillée*.

Au 2e étage : il y a deux chambres, ... et les toilettes. Il y a aussi ...., vous pouvez ranger beaucoup d'objets.

Spacieux (-se) : grand (avec de l'espace).
Ensoleillé(e) : le soleil rentre dans l'appartement.

11 **Imagine une petite annonce pour vendre la maison du camp de vacances la Planète Bleue. Utilise les mots suivants :** ensoleillé(e) - spacieux (-se) - pièces - sous-sol - rez-de-chaussée - 1er étage - 2e étage - jardin - grenier.

> **MAISON À VENDRE**

15 On fait les courses !

> Nicolas a 14 ans aujourd'hui, c'est son anniversaire. Pour le repas et la fête de ce soir, il faut faire les courses.

■ **Bon ! qu'est-ce qu'on achète ?...**

● **Chez le marchand de fruits et légumes**

Des fruits et des légumes

 un abricot

 une fraise

 une pomme

 une pêche

une cerise

des raisins

une tomate

 une orange

une banane

 une carotte

un concombre

une laitue

une pomme de terre

 une courgette

des haricots verts

● **À la crémerie - Chez le crémier**

Des produits laitiers / des laitages

 du beurre

 des œufs

du lait

un yaourt

de la crème fraîche

 des fromages : camembert, gruyère.

● **À la boulangerie - À la pâtisserie**
Chez le boulanger - Chez le pâtissier

Du pain et des gâteaux

 une baguette

 un pain de campagne

un pain de mie

une tarte

une tartelette

un moka

une religieuse

 un croissant

un pain au chocolat

un pain aux raisins

une brioche

des bonbons

un esquimau

un cornet de glace

À la pâtisserie : on trouve seulement des gâteaux.

● **À la charcuterie - Chez le charcutier**

De la charcuterie

 du jambon

du saucisson

du pâté

une saucisse

● **À la boucherie - Chez le boucher**

De la viande

un poulet

des côtelettes

des biftecks

● **À la poissonnerie - Chez le poissonnier**

Du poisson - des crustacés

 du thon

 du saumon

 des crevettes

..1.. Voici la liste des courses nécessaires pour le repas d'anniversaire de Nicolas. Chez quels commerçants vont-ils ?

Liste
- 5 laitues
- 1 gros moka
- 10 baguettes
- 3 saucissons
- 4 poulets
- 5 saumons
- 3 camemberts

....
....
....
....
....
....
....
....
....

..2.. Complète les phrases comme dans l'exemple.

*Lucie va **à la** boulangerie.* → Elle va **chez le** boulanger.

1. Lucie va à la pâtisserie. → ....

2. Lucie va à la poissonnerie. → ....

3. Lucie va à la charcuterie. → ....

4. Lucie va à la crémerie. → ....

5. Lucie va à la boucherie. → ....

..3.. Chasse l'intrus.

1. Orange / saucisson / abricot / fraise.

2. Tomate / carotte / yaourt / aubergine.

3. Baguette / tarte / poisson / brioche.

4. Religieuse / tartelette / pain de campagne.

5. Lait / yaourt / beurre / pâté.

6. Croissant / pain au chocolat / bonbon / brioche.

7. Jambon / saucisson / pâté / pêche.

8. Pêche / cerise / concombre / banane.

9. Laitue / raisin / pomme de terre / courgette.

10. Tartelette / moka / tarte / glace.

11. Pomme / haricot vert / beurre / orange.

12. Poulet / courgette / côtelette / bifteck.

13. Thon / jambon / saumon / crevette.

14. Crevette / thon / saumon.

15. Saucisse / saucisson / croissant / pâté.

On fait les courses !

un rayon

un chariot

faire la queue

une caisse

un panier

On va au supermarché pour acheter ce qu'il manque.
Voici la liste.

Liste

- 1 kilo de farine
- 1 livre d'oignons
- 1 kilo de sucre en poudre
- 1 kilo de sucre en morceaux
- 1 sac de 5 kilos de pommes de terre
- 5 paquets de biscuits
- 2 boîtes d'olives en conserve
- 1 pot de cornichons
- 1 bouteille d'huile
- 5 litres de lait
- 20 tranches de jambon
- 5 tablettes de chocolat
- 1 tube de mayonnaise
- 1 morceau de gruyère
- 5 sachets de cacahuètes
- 1 douzaine d'œufs

Liste

- 1 sac de pommes de terre
- 1 paquet de biscuits
- 1 boîte d'olives en conserve
- 1 pot de cornichons
- 1 bouteille d'huile
- 1 tranche de jambon
- 1 tablette de chocolat
- 1 tube de mayonnaise
- 1 morceau de gruyère
- 1 sachet de cacahuètes

Tu peux aussi acheter ces produits chez l'épicier / à l'épicerie.
L'épicerie = un petit supermarché

1 kilogramme (de) / 1 kg = 1 000 grammes

une livre (de) = 500 grammes   un litre (de)   une douzaine = 12

une demi-livre (de) = 250 grammes   un demi-litre (de)

..1.. Associe.

1. un kilo de   ●
2. un litre de   ●
3. un pot de   ●
4. une tranche de ●
5. un morceau de ●
6. un paquet de ●
7. une tablette de ●
8. une douzaine d' ●

● œufs
● chocolat
● soda
● biscuits
● cerises
● confiture
● jambon
● fromage

..2.. Choisis le terme qui convient.

1. | Un litre | Un paquet | de jus de fruits.
2. | Un kilo | Un litre | de pommes.
3. | Un sachet | Un morceau | de gâteau.
4. | Un pot | Un sachet | de miel.
5. | Une tranche | Une boîte | de saucisson.
6. | Une bouteille | Un pot | d'huile.
7. | Une boîte | Un paquet | de raviolis.
8. | Un kilo | Un tube | de concentré de tomates.
9. | Un demi-litre | Une demi-livre | de lait.

..3.. Complète la liste des ingrédients nécessaires pour faire des crêpes avec les quantités suivantes : demi-litre - quatre - sachet - demi-livre.

1. Un .... de lait.
2. Une .... de farine.
3. .... œufs.
4. Une pincée de sel.
5. Un .... de sucre vanillé.

..4.. Choisis la bonne réponse.

1. Au supermarché, si tu achètes beaucoup d'articles, tu prends :
   un panier   ☐
   un chariot   ☐

2. Tu achètes du jambon au rayon :
   poissonnière ☐
   charcuterie ☐

3. Tu achètes des cerises au rayon :
   boucherie   ☐
   fruits et légumes ☐

4. Pour payer à la caisse :
   tu fais la queue   ☐
   tu fais les courses ☐

1. Trouve les dix noms de fruits et les quatre noms de légumes dans la grille.

M	K	U	I	C	O	U	R	G	E	T	T	E
L	H	A	P	N	A	R	E	Z	I	B	R	F
A	U	B	E	R	G	I	N	E	H	A	A	R
I	P	R	C	O	R	A	N	G	E	N	I	A
T	O	I	H	T	O	M	A	T	E	A	S	I
U	M	C	E	P	O	I	R	E	W	N	I	S
E	M	O	C	E	R	I	S	E	C	E	N	E
X	E	T	C	O	N	C	O	M	B	R	E	F

2. Complète la grille. Ce sont des noms de fruits et des noms de légumes.
Avec les lettres manquantes trouve le nom d'un fruit.

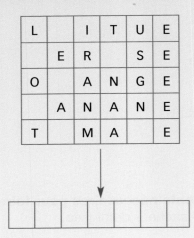

L		I	T	U	E
	E	R		S	E
O		A	N	G	E
	A	N	A	N	E
T		M	A		E

3. Quels sont les aliments qui se mangent crus, cuits ou les deux ?
un concombre - une tomate - des raisins - une pomme - un yaourt - une pomme de terre - des haricots verts - une aubergine - une courgette - un poulet - une carotte - une côtelette.

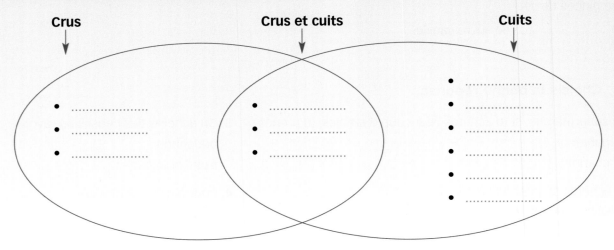

Crus   Crus et cuits   Cuits

4. Quels sont les aliments sucrés ou salés ?

	Sucré(e)	Salé(e)
1. Une fraise	☐	☐
2. Une cerise	☐	☐
3. Une tranche de saucisson	☐	☐
4. Du pâté	☐	☐
5. Une glace	☐	☐
6. Une tartelette aux abricots	☐	☐
7. Une tranche de jambon	☐	☐

5. Chasse l'intrus.

1. Un litre d'eau / un kilo de fraises / un demi-litre de lait.
2. Un demi-litre de jus d'orange / un kilo de cerises / une livre d'oignons.
3. Un morceau de fromage / une bouteille d'huile / un litre de lait.
4. Un yaourt / un bonbon / un fromage.
5. Une boucherie / un marchand de fruits et légumes / une charcuterie.
6. Une boulangerie / une poissonnière / une pâtisserie.
7. Un chariot / un sac à main / un panier.

6. Associe le nom masculin, le nom féminin du commerçant et le commerce.

1. Le boulanger ●	● a. la boulangerie ●	● h. la bouchère
2. Le pâtissier ●	● b. la pâtisserie ●	● i. l'épicière
3. Le charcutier ●	● c. la poissonnerie ●	● j. la boulangère
4. Le boucher ●	● d. l'épicerie ●	● k. la crémière
5. Le poissonnier ●	● e. la crémerie ●	● l. la charcutière
6. L'épicier ●	● f. la boucherie ●	● m. la poissonnière
7. Le crémier ●	● g. la charcuterie ●	● n. la pâtissière

7. Complète les phrases.
Utilise « à la » ou « chez le ».

1. Lucie achète du pain, elle va .... boulangerie.
2. Stanislas achète de la viande, il va .... boucher.
3. Paco achète du poisson, il va .... poissonnier.
4. Luigi achète du fromage, il va .... crémerie.
5. Jenifer achète du saucisson, elle va .... charcutier.
6. Linda achète une bouteille d'huile, elle va .... l'épicier.
7. Marcel achète un gâteau au chocolat, il va .... pâtisserie.

8 **Vrai ou Faux ?**

	Vrai	Faux
1. La carotte est un fruit.	☐	☐
2. La tartelette est une petite tarte.	☐	☐
3. On achète un kilo de farine à la boulangerie.	☐	☐
4. On achète un sachet de cacahuètes à la pâtisserie.	☐	☐
5. On achète un morceau de fromage à la crèmerie.	☐	☐
6. Une livre est la moitié d'un kilo.	☐	☐
7. Une demi-livre est la moitié d'un kilo.	☐	☐
8. Un litre = 2 × un demi-litre.	☐	☐
9. On prend un chariot à la pâtisserie.	☐	☐
10. Un esquimau est un cornet de glace à 2 boules.	☐	☐
11. Au supermarché, les produits sont rangés dans les rayons.	☐	☐
12. Le yaourt est un laitage.	☐	☐
13. Le charcutier vend des produits faits avec de la viande de porc.	☐	☐

9 **Complète les dialogues avec les quantités suivantes :** un paquet - une tablette - une douzaine - un morceau - un kilo - un pot - une livre - une tranche - un litre.
Écris le nom du magasin dans lequel se passe chaque conversation.

1. – Bonjour monsieur, je voudrais .... d'œufs, ... de lait, un .... de gruyère.

Le magasin : [   ]

2. – Bonjour madame.

– Bonjour mademoiselle, vous désirez ?

– Je voudrais .... de jambon.

– Fine ou épaisse ?

Le magasin : [   ]

3. – Bonjour monsieur.

– Bonjour mademoiselle.

– Je voudrais .... de biscuits, une .... de chocolat, ... de confiture ?

– C'est tout ?

– Oui, merci.

Le magasin : [   ]

4. – Bonjour madame.

– Bonjour mademoiselle.

– Qu'est-ce que je vous sers ?

– Je voudrais .... de cerises, ... de fraises, et une belle laitue.

Le magasin : [   ]

10 Complète les bulles. Lucie achète à la boulangerie un cornet de glace.
Elle veut une glace double (avec deux boules). Elle choisit deux parfums : la vanille
et la fraise.

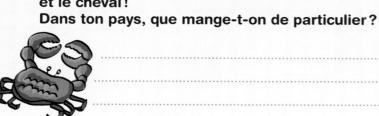

11 En France, on mange par exemple des crustacés : des crabes,
des araignées de mer, des langoustines, des crevettes, etc.
On aime aussi les escargots, les cuisses de grenouille, le lapin
et le cheval !
Dans ton pays, que mange-t-on de particulier ?

Boire un coup et manger quelque chose

J'ai soif, on va prendre un pot* !

Ouais*, j'ai faim, on va manger quelque chose !

Garçon, s'il vous plaît, on peut avoir la carte ?

D'accord, on va au bistrot*.

Je peux prendre votre commande ?

Moi, une limonade et une pizza.

Une orange pressée **avec** des glaçons.

Un chocolat froid **avec** une paille.

Oui, je voudrais un soda orange.

Une menthe à l'eau **et** un croque-monsieur.

Un diabolo grenadine.

Une eau gazeuse **et un** sandwich jambon-beurre.

Un jus de raisin.

Un thé citron **et** une quiche.

Une assiette de frites.

une quiche : tarte salée

On peut avoir l'addition, **s'il vous plaît ?**

un diabolo grenadine = limonade + sirop

un verre avec des glaçons et une paille

un croque-monsieur : sandwich chaud

■ **On dit :** Prendre un pot, boire un coup, boire un verre.

*Mots familiers : le bistrot, le troquet, le rade = le café. Ouais = oui.

..1.. **Trouve le nom de la boisson.**

Exemple : C'est du lait avec du chocolat en poudre. On peut le boire chaud ou froid. → *un chocolat.*

1. C'est de l'eau gazeuse sucrée avec un goût de citron. → ....

2. C'est de l'eau en bouteille. → ....

3. C'est de l'eau avec du sirop de grenadine. → ....

4. C'est de l'eau avec du sirop de menthe. → ....

5. C'est de la limonade avec du sirop. → ....

6. C'est un jus de fruit naturel fait avec des oranges. → ....

7. C'est une boisson alcoolisée faite avec du raisin. → ....

..2.. **Vrai ou Faux ?**

	Vrai	Faux
1. Un garçon de café, c'est le nom du serveur dans un café.	☐	☐
2. Une fille de café, c'est le nom de la serveuse dans un café.	☐	☐
3. Lamine a soif, il commande un croque-monsieur.	☐	☐
4. Lamine a faim, il commande un diabolo menthe.	☐	☐
5. L'addition est le montant total des consommations.	☐	☐
6. La carte, c'est la liste des consommations avec les prix.	☐	☐
7. Prendre un pot, c'est aller au café pour boire.	☐	☐
8. Un croque-monsieur, c'est un sandwich au saucisson.	☐	☐
9. Lamine boit un thé avec une paille.	☐	☐
10. Un diabolo citron, c'est du sirop de citron avec du soda orange.	☐	☐

..3.. **Hans va dans un snack. Complète le dialogue avec les expressions et mots suivants :**
un croque-monsieur - une menthe à l'eau - l'addition - la carte - garçon - commande.

Hans : ...., s'il vous plaît !

Le garçon de café : Bonjour, monsieur, est-ce que je peux prendre votre .... ?

Hans : Est-ce que je peux avoir .... ?

(10 minutes après)

Le garçon de café : Vous avez choisi ?

Hans : Oui, je voudrais ....

Le garçon de café : Et comme boisson ?

Hans : ....

(1 heure après)

Hans : Garçon ! ...., s'il vous plaît.

Un repas de fête

Menu
pour l'Anniversaire de
Nicolas

Entrée : *Salade composée*

Plat : *Poulet à la provençale*

Fromage

Dessert : *Salade de fruits*

Glace

Gâteau d'anniversaire

Marcel **tartine** des toasts.

À midi :

Pot avec boisson et amuse-gueule*

le plat

Lucie **fait** une salade de fruits.

Elle **épluche** les fruits.

Elle **coupe** les fruits.

Elle **ajoute** du sucre.

Elle **verse** un jus de citron.

Elle **mélange** les fruits et le jus de citron dans le saladier.

Le gâteau est **cuit**.
Luigi **démoule** le gâteau.

la poêle

la casserole

Petra **met** la table.

une serviette

un verre

un couteau

une assiette

une cuillère

une fourchette

une nappe

une petite cuillère

■ **En France, il y a quatre repas.**

- On dit :
- – le matin :   **le petit déjeuner**   Je prends un petit déjeuner.
- – à midi :   **le déjeuner**   Je déjeune.
- – à 16 heures : **le goûter** (pour les enfants)   Je goûte.
- – le soir :   **le dîner.**   Je dîne.

_____
*Mot familier : *amuse-gueule* : aliments que l'on prend pour l'apéritif (cacahuètes, chips, pistaches, gâteaux salés, etc.).

1. Complète les grilles.

1. C'est utile pour manger.

2. C'est utile pour s'essuyer la bouche.

3. C'est utile pour boire.

4. C'est utile pour couvrir la table.

5. C'est utile pour mettre les aliments.

6. C'est utile pour couper.

1. Sortir un gâteau du moule.

2. Mettre de l'eau dans un verre.

3. Mettre un aliment cru dans une casserole sur le feu.

4. Mêler, remuer.

5. Étaler sur une tranche de pain.

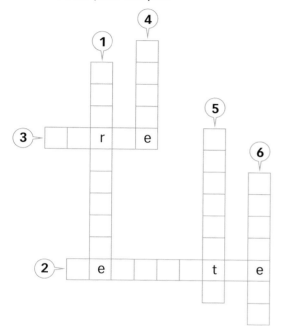

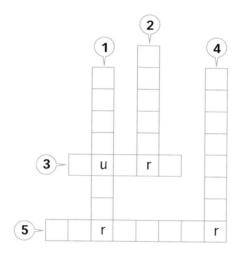

2. Associe la personne et l'objet dont elle a besoin.

1. Luigi fait des crêpes.

2. Stanislas fait un gâteau.

3. Nicolas fait une salade de fruits.

4. Lamine boit un chocolat chaud.

5. Hans boit un soda.

6. Linda mange des frites.

7. Marcel coupe du pain.

8. Noriko mange un yaourt.

a. un verre

b. une assiette

c. un moule

d. une petite cuillère

e. un saladier

f. un couteau

g. un bol

h. une poêle

3. Complète les phrases avec les mots suivants : un repas - un plat - un dessert - une entrée - dîne - déjeune - goûte - un petit déjeuner.

1. Le matin, à 8 heures, je prends ....

Je mange des tartines et je bois un chocolat chaud.

2. À midi, je .... à la cantine, je mange .... complet : ...., un plat, du fromage

et ....

3. À 16 heures, je .... : je mange une pomme et je bois un jus de fruit.

4. Le soir, à 20 heures, je .... avec mes parents : je prends seulement .... et un dessert.

1 Trouve dix boissons dans la grille.
Il y a 1 boisson chaude, 2 boissons que l'on peut boire froides ou chaudes, 1 boisson alcoolisée faite avec du raisin, 5 boissons sucrées, 1 boisson que l'on peut boire en bouteille ou au robinet.

B	A	Z	N	D	O	G	I
U	F	L	E	I	U	R	P
R	O	I	C	A	F	E	Y
E	V	M	H	B	X	N	J
C	H	O	C	O	L	A	T
J	A	N	E	L	U	D	H
U	E	A	U	O	T	I	E
S	O	D	A	V	I	N	U
O	W	E	G	A	U	E	X

2 Luigi, Paco et Petra vont au Café de Paris. Ils commandent à boire et à manger. Sépare les mots et tu trouveras la commande.

LuigidemandeundiabologrenadineetunsandwichaujambonPacocommandeunjusdorangepresséeetuncroque monsieurPetrademandeaugarçondecaféunthéaulait.

3 Associe pour faire une phrase.

a)

1. Petra mélange ●   ● a. le pain.
2. Hans coupe ●   ● b. le gâteau.
3. Stanislas met ●   ● c. les pâtes et la sauce tomate.
4. Paco épluche ●   ● d. les légumes.
5. Luigi démoule ●   ● e. la table.

b)

1. Le soir ●   ● a. Linda déjeune.
2. L'après-midi ●   ● b. Linda prend un petit déjeuner.
3. À midi ●   ● c. Linda goûte.
4. Le matin ●   ● d. Linda dîne.

4 Complète la recette du BANANA SPLIT avec les mots suivants : verser - mettre - couper.

1. .... une banane en deux.

2. .... sur les deux morceaux de banane une boule de glace vanille.

3. .... de la sauce de coulis de fraises.

5. **Complète la recette des beignets aux pommes avec les mots suivants :** cuire - éplucher - mélanger - verser - couper - une poêle.

1. .... un œuf, de la farine et de l'eau.

2. .... les pommes.

3. .... les pommes en tranche.

4. Dans .... faire fondre du beurre et .... la pâte.

5. Laisser .... 7 à 8 minutes.

6. **Connais-tu une recette de ton pays ? Écris-la.**

....

....

....

....

....

....

7. **Test.**

Manges-tu diététique ?

• Pour le petit déjeuner, tu préfères :

Boire   du lait ☐ ●

du jus de fruit ☐ ●

du soda orange ☐ ■

de la limonade ☐ ◆

Manger une pizza ☐ ▲

un sandwich au jambon ☐ ■

des gâteaux ☐ ◆

des fruits ☐ ●

• Pour déjeuner, tu choisis :

des saucisses avec des frites ☐ ■

un steack avec des frites ☐ ▲

du poisson et des légumes ☐ ●

un croque-monsieur ☐ ◆

• Pour le dessert, tu choisis :

une glace ☐ ◆

un fruit ☐ ●

une tarte aux pommes ☐ ▲

un gâteau au chocolat ☐ ■

• Pendant les repas, tu bois :

de l'eau gazeuse ☐ ▲

de l'eau minérale ☐ ●

du soda ☐ ■

de la limonade ☐ ◆

• Tu préfères manger :

à la maison ☐ ●

au restaurant ☐ ◆

dans un snack ☐ ■

à la cantine ☐ ▲

Réponses :

Tu as entre 4 et 6 ■ Attention, tu vas grossir et avoir des boutons. Tu manges trop gras.

Tu as entre 4 et 6 ◆ Attention, tu vas avoir des caries. Tu manges trop de sucre.

Tu as entre 3 et 5 ▲ Tu manges pas mal, tu es juste un peu gourmand.

Tu as entre 4 et 7 ● Bravo, tu manges diététique !

8 **Lucie va au restaurant. Complète avec les expressions et mots suivants :** boisson - plat - carte - dessert - entrée - du fromage.

Le serveur : Bonjour mademoiselle.

Lucie : Bonjour monsieur.

Le serveur : Asseyez-vous à cette table, je vous apporte la ....

(10 minutes plus tard)

Le serveur : Oui, vous prenez quoi comme .... ?

Lucie : Je voudrais un œuf dur mayonnaise.

Le serveur : Et comme .... ?

Lucie : Un steak-frites.

Le serveur : Vous prendrez .... ?

Lucie : Oui, du camembert.

Le serveur : Et comme .... ?

Lucie : Un Banana split.

Le serveur : Et comme .... ?

Lucie : Un soda orange, avec une paille, s'il vous plaît.

9 **Compose un menu pour le repas d'anniversaire de Nicolas.**

Menu

10 **Pour l'anniversaire de Nicolas, tu veux faire une belle table. Élimine les objets qui ne seront pas sur la table.**
une assiette - une fourchette - une casserole - un moule à gâteau - un couteau - un verre - un bol - une serviette - une poêle - une nappe - une petite cuillère.

11. **Trouve les trois objets que l'on peut mettre sur la table pour le repas.**

Les lettres sont dans l'ordre : sur le cube 1, tu trouveras la première lettre des trois mots, sur le cube 2 la deuxième lettre des trois mots, etc.

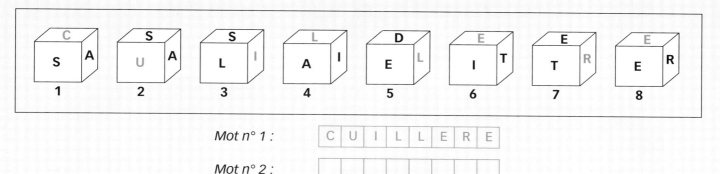

Mot n° 1 : | C | U | I | L | L | E | R | E |

Mot n° 2 :

Mot n° 3 :

12. **Choisis la bonne réponse.**

1. Linda prépare une salade composée. Elle | cuit | épluche | démoule | les crudités.

2. Luigi invite Malika à prendre un pot. Il invite Malika | au café | au restaurant | à la cantine |.

3. Marcel fait des sandwichs. Il | tartine | coupe | ajoute | du pâté.

4. Les Français prennent trois | dîners | déjeuners | repas | par jour.

5. Au restaurant, Lucie choisit | la carte | le menu | l'addition |.

6. À 16 heures, les enfants | déjeunent | goûtent | dînent |.

13. **Comment mange-t-on dans ton pays ?**

- Combien fait-on de repas par jour ? ....
  ....
  ....

- En France un repas complet : c'est une entrée, un plat, du fromage et un dessert.
  Dans ton pays un repas complet, c'est quoi ?
  ....
  ....
  ....

- Quelle est ta boisson préférée ?
  ....

- Quel est ton plat préféré ?
  ....

C'est qui ?

C'est une photo de ma famille le jour de mon anniversaire !

Où est la famille de ton père ?

mes grands-parents, ma grand-mère et mon grand-père
Suzanne   Raymond

ma tante Christine, la femme de mon oncle Jacques

mon oncle Michel, le frère de ma mère

ma mère Sylvie

moi

ma cousine Johanna, la nièce de ma mère

Je ne vois pas souvent mon père, il habite en Espagne. Mes parents ont divorcé, mon père est remarié, ma belle-mère est super sympa. Ils ont deux enfants. J'ai un demi-frère, il s'appelle Nicolas, et une demi-sœur, Julia.

C'est pas facile la famille recomposée. Ma mère a un nouveau copain. Il a un fils de 14 ans, il est pas très sympa.

Mes parents se sont mariés il y a vingt ans. Ils sont toujours ensemble. C'est le grand amour !

■ **Trois générations :**
→ Les grands-parents. Lucie est **la petite-fille** de Suzanne.
→ Les parents. Lucie est **la fille** de Sylvie.
→ Les enfants.

■ **On dit :**
Se marier = le mariage
Avoir un enfant : Lucie **est née** le 12 octobre 1991. **Elle a 13 ans.**
Divorcer = le divorce
Quand on n'est pas marié, on a : un copain (une copine), un petit copain (une petite copine), un petit ami (une petite amie).

■ **On dit :**
Pour sa mère « maman »
Pour sa grand-mère « mamie »
Pour sa tante « tata »

Pour son père « papa »
Pour son grand-père « papi »
Pour son oncle « tonton »

■ **Observe :**
Lucie dit **mon** oncle, **ma** mère, **mes** grands-parents.
Pour exprimer un lien de parenté on utilise les possessifs.

.1. Trouve l'équivalent au féminin ou au masculin.

Exemple : Michel est l'oncle de Lucie. Christine est la tante de Lucie.

1. Lucie est la fille de ses parents.

Paco est .... de ses parents.

2. Sylvie est la mère de Lucie.

Laurent est .... de Lucie.

3. Lucie est la petite-fille de ses grands-parents.

Nicolas est .... de ses grands-parents.

4. Johanna est la cousine de Lucie.

William est .... de Lucie.

5. Johanna est la nièce de Sylvie.

William est .... de Sylvie.

6. Suzanne est la grand-mère de Lucie, Johanna et William.

Raymond est .... de Lucie, Johanna et William.

7. Michel est le frère de Sylvie.

Sylvie est .... de Michel.

8. Christine est la femme de Jacques.

Jacques est .... de Christine.

9. Nadine est la belle-mère de Lucie.

Alain est .... de Lucie.

10. Nicolas est le demi-frère de Lucie.

Lucie est .... de Nicolas.

.2. Linda te présente sa famille. Associe pour faire une phrase.

Je te présente :

1. Le père de mon père, c'est ●

2. Le mari de ma tante, c'est ●

3. Le fils de mon oncle, c'est ●

4. La femme de mon père, c'est ●

5. La sœur de mon cousin, c'est ●

6. La fille de mon père, c'est ●

● Alison, ma demi-sœur.

● Jane, ma belle-mère.

● Lucy, ma cousine.

● David, mon cousin.

● John, mon grand-père.

● Steeve, mon oncle.

.3. Raconte l'histoire de la famille de Lucie.

1. ....

....

....

....

....

....

....

....

2. ....

....

....

....

....

....

....

....

3. ....

....

....

....

....

....

....

....

4. ....

....

....

....

....

....

....

....

20 Personne répond ?

> Passe-moi ton **portable**, je vais **appeler** ma mère.

> Je ne peux pas, je n'ai **plus** de batterie, va à la **cabine téléphonique**.

> Qui a une carte de téléphone avec 120 unités ?

> Pourquoi 120 ? Tu veux passer des coups de fil à tous tes copains ?

Malika : Allô, bonjour petite sœur, tu me passes maman !

La petite sœur : Ne quitte pas, je vais la chercher.

La mère : Allô, Malika, tu vas bien ?

Malika : Oui, maman, ça va, mais j'ai besoin d'argent, j'ai dépensé tout mon argent de poche.
Allô, allô, allô… ça a coupé ou elle a raccroché ?
Je rappelle plus tard, j'appelle mamie.

Le répondeur de mamie : « Je ne suis pas là, mais vous pouvez me laisser un message, je vous rappellerai dès mon retour. »
Bon, j'appelle mon père au travail, c'est quoi son numéro de téléphone ? Je regarde dans mon carnet d'adresses.

Malika : C'est pas vrai ! C'est occupé.
Bon, j'envoie un mél* à tata Yasmina.

■ Les numéros de téléphone

Pour **le téléphone fixe** et **le portable**, **on dit** le numéro de téléphone par dizaine (sauf les deux premiers) :

> **EXEMPLE**
> **Le** 01-43-55-29-13 = **Le** • zéro, un • quarante-trois • cinquante-cinq • vingt-neuf • treize.

• **Le téléphone fixe :** pour la France et les départements d'outre-mer, selon la zone, tous les numéros de téléphone commencent soit par 01 (Paris et la région parisienne), soit par 02, 03, 04, 05.

• **Le portable (le mobile) :** tous les numéros commencent par 06.

■ Les nombres

0 zéro	6 six	12 douze	18 dix-huit	30 trente	60 soixante
1 un	7 sept	13 treize	19 dix-neuf	31 trente **et** un	70 soixante-**dix**
2 deux	8 huit	14 quatorze	20 vingt	32 trente=deux	71 soixante **et onze**
3 trois	9 neuf	15 quinze	21 vingt **et** un	(• • •)	91 quatre-vingt-**onze**
4 quatre	10 dix	16 seize	22 vingt-deux	40 quarante	80 quatre-vingt**s**
5 cinq	11 onze	17 dix-sept	(• • •)	50 cinquante	81 quatre-vingt-un
					90 quatre-vingt-dix

---

* Un mél = E-mail.

1. Regarde le carnet d'adresses de Malika et écris les numéros de téléphone en lettres.

Noms : ☎

Maman

Maison : 01-44-58-80-72

Travail : 01-56-87-90-18

Portable : 06-99-23-15-54

Papa

Travail : 01-53-31-60-41

Portable : 06-71-32-66-77

mes adresses...

....

....

....

....

....

....

....

....

....

2. Choisis la bonne réponse.

1. Rappeler :
   a. c'est téléphoner deux fois, ou encore appeler quelqu'un qui a déjà appelé. ☐
   b. c'est donner deux fois le nom d'une personne. ☐

2. « Ne quitte pas ou ne quittez pas » :
   a. c'est ne pas laisser la personne qui est au téléphone toute seule. ☐
   b. c'est demander à la personne qui est au téléphone de ne pas raccrocher. ☐

3. Un téléphone fixe :
   a. c'est un téléphone fixé au mur ou sur un meuble. ☐
   b. c'est une ligne de téléphone à domicile. ☐

4. Une carte téléphonique :
   a. c'est une carte que l'on utilise pour téléphoner dans une cabine téléphonique. ☐
   b. c'est un téléphone que l'on utilise avec une carte. ☐

3. Complète la conversation téléphonique avec les expressions et mots suivants : me passer - rappeler - portable - ne quitte pas - allô - passe.

Luis : ...., Lamine, tu vas bien ?

Lamine : Oui merci, ça va, et toi ?

Luis : Ça va bien. Est-ce que, tu peux .... ton frère Sékou.

Lamine : Oui bien sûr, ..., je te le ....

(5 minutes après)

Lamine : Est-ce que tu peux .... plus tard ? Il est en communication avec Lucie sur son ....

Luis : Bon d'accord, à tout à l'heure, salut !

Lamine : Salut !

..1.. **Malika téléphone à qui ?**

Exemple : Allô maman → Elle téléphone à sa mère.

1. Allô papa → ....

2. Allô tonton → ....

3. Allô mamie → ....

4. Allô papi → ....

..2.. **Trouve les vingt nombres dans la grille.**

A	V	E	I	Q	U	I	N	Z	E
C	I	N	Q	U	A	N	T	E	T
U	N	O	U	A	R	Z	I	O	R
H	G	T	F	T	R	E	N	T	E
U	T	R	S	R	J	R	L	G	I
I	G	O	I	E	O	N	Z	E	Z
T	D	I	X	-	N	E	U	F	E
D	J	S	K	V	M	N	D	A	U
I	U	S	O	I	X	A	N	T	E
X	Y	R	O	N	D	E	U	X	S
C	I	N	Q	G	D	O	U	Z	E
E	Q	U	A	T	R	E	A	T	P
Z	E	R	O	S	E	I	Z	E	T

..3.. **Écris les numéros de téléphone de Jenifer en chiffres.**

Tu me laisses ton numéro de téléphone.

Mon portable, c'est le • zéro, six • quatre-vingts •
soixante-cinq • quatre-vingt-dix • vingt et un.
Mon fixe, c'est le • zéro, deux • quinze • trente et un •
cinquante-trois • quarante-six.

Noms : ☎

Jenifer : ....

mes adresses...

4 **Complète la grille.**

1. C'est le frère de ma mère.

2. C'est la fille du frère de ma mère.

3. C'est la sœur de ma mère.

4. C'est la mère de ma mère.

5. C'est le fils de la sœur de ma mère.

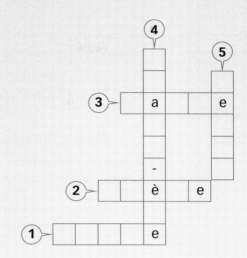

5 **Malika présente sa famille qui habite en Algérie. Dis quel est le lien de parenté avec elle et écris l'âge de chacun en lettres.**

> Voici une photo de ma famille en Algérie : Mohamed, le frère de ma mère, est né le 11 août 1965. Zahia, la femme de Mohamed, est née le 20 juillet 1968 et leur fille Nadia est née le 28 janvier 1988. La mère de mon père, Zora, est née le 8 mai 1940. Le père de ma mère, Karim, est né le 6 février 1937. La sœur de mon père, Yasmina, est née le 5 mars 1975.

Exemple : Mohamed est l'oncle de Malika. Il a trente-neuf ans.

Zahia ....

Nadia ....

Zora ....

Karim ....

Yasmina ....

6 **Complète l'histoire de la famille de Malika avec les expressions et les mots suivants :**
filles - est née - sept ans - la naissance - se sont mariés - est né - divorcer - ont - deux.

Les parents de Malika .... en 1987. Ils .... trois enfants, ...

et un fils. Malika a treize ans, elle est née en 1991. Sonia a dix ans, elle .... en 1994. Karim a

........................, il .... en 1997. Il y a onze ans, en 1994, avant .... de Sonia, ils se

disputaient souvent, ils ont pensé ...., mais ils s'aiment et ils sont toujours ensemble.

C'est le grand amour !

7. Complète le message que la mère de Lucie a laissé sur son répondeur avec les expressions suivantes : un message - rappellerai - 01-43-57-29-00 - me laisser.

Vous êtes bien au ...., mais je ne suis pas là.

Vous pouvez ....

Je vous .... dès que j'en aurai pris connaissance. Merci et à bientôt.

8. Imagine un message téléphonique que tu laisseras sur le répondeur de ton téléphone fixe ou bien sur ton portable.

....

....

....

9. Complète ces deux conversations téléphoniques avec les expressions et mots suivants :
a) rappeler - allô - ne quitte pas - un coup de fil - passer.
b) carnet d'adresses - ne quittez pas - allô - le numéro de téléphone - le 06-15-89-52-33 - parler

a) **Hans :** ...., bonjour Lamine, est-ce que tu peux me .... Malika ?

Lamine : ....

Malika : Allô

Hans : Bonjour Malika, tu vas bien ?

Malika : Oui merci, ça va, est-ce que je peux te .... dans six minutes ? Je dois passer .... urgent à mon père.

Hans : Il n'y a pas de problème, à tout à l'heure.

Malika : Merci, à tout de suite.

b) **Madame Roussier :** Allô, bonjour madame, est-ce que je pourrais .... à Malika, s'il vous plaît ?

La mère de Malika : C'est de la part de qui ?

Madame Roussier : C'est madame Roussier, la mère de Lucie.

La mère de Malika : ...., je vous la passe.

Malika : ...., bonjour madame Roussier.

Madame Roussier : Bonjour Malika, est-ce que tu as vu Lucie aujourd'hui ?

Malika : Non, je n'ai pas vu Lucie.

Madame Roussier : Est-ce que tu as .... de Nicolas ?

Malika : Oui, ne quittez pas, je prends mon ....

(5 minutes après)

Malika : C'est ....

Madame Roussier : Merci Malika, au revoir.

10. Observe les conversations téléphoniques a) et b). Que remarques-tu ?

....

....

....

....

....

11. Vrai ou Faux ?

	Vrai	Faux
1. Un carnet d'adresses est un carnet avec son adresse.	☐	☐
2. On dit que la ligne est coupée lorsqu'une conversation téléphonique est interrompue.	☐	☐
3. La ligne est occupée quand on téléphone à quelqu'un qui parle déjà au téléphone.	☐	☐
4. À la fin d'une conversation téléphonique, on raccroche le combiné.	☐	☐
5. Tous les numéros de portable dans le monde commencent par 06.	☐	☐
6. Divorcer, c'est quand un couple marié se sépare.	☐	☐
7. Se remarier, c'est se marier avec la sœur de sa femme ou le frère de son mari.	☐	☐
8. La femme et le mari forment un couple.	☐	☐
9. Une famille recomposée, c'est quand toutes les personnes de la famille sont réunies.	☐	☐
10. Un répondeur est un appareil sur lequel on enregistre sa voix et qui se déclenche quand quelqu'un téléphone et que l'on est absent.	☐	☐

12. Décris ta famille et dessine-la. Donne les dates de naissance de chacun et écris l'âge en lettres.

Ma mère s'appelle : ....

....

Ma mère est née le ....

Elle a .... ans. ....

Mon père s'appelle : ....

....

Mon père est né le ....

Il a .... ans.

....

....

....

....

Un après-midi de vacances

Cet après-midi au centre la Planète Bleue, chacun s'occupe à son activité préférée… Ils aiment la musique.

Luigi joue de la guitare.

Nicolas aime écouter de la musique.
Il enregistre de la musique.
Il télécharge des MP3 sur l'ordinateur.

un piano

une batterie

Elle chante.

Jenifer aime la danse. Elle danse.

Lucie aime le théâtre. Elle joue la comédie.

Stanislas aime la lecture. Il lit.

Noriko aime la peinture.

Stanislas aime le dessin.

Luis sculpte.

Linda aime la *photo**.

Elle peint.

Il dessine.

Il modèle.

Elle photographie.

Paco aime les jeux.

Il joue aux jeux sur l'ordinateur.

Il joue aux échecs, aux cartes, aux jeux de société.

Il joue aux jeux vidéo sur sa console.

Il *chate** aussi sur Internet.

Vous faites quoi quand vous n'allez pas à l'école, quand vous avez du temps libre ?
Moi, je vais au théâtre, au *ciné**, visiter les musées, voir des *expos**.

Moi, je fais des claquettes, je suis funambule, acrobate, je jongle.

Et puis quoi encore… ! Un vrai cirque à toi tout seul !
Moi, je regarde la télé et puis… quand mes parents sont d'accord, je sors, je vais au concert.

---

* *photo* = photographie ; *chater* ou *tchater* = communiquer sur Internet ; *ciné* = cinéma ; *expo* = exposition.

1. Associe le verbe, le nom et la personne.

1. Lire ●	● la danse ●	● le sculpteur
2. Peindre ●	● la photographie ●	● le lecteur
3. Danser ●	● le dessin ●	● le peintre
4. Photographier ●	● la sculpture ●	● le danseur
5. Dessiner ●	● la lecture ●	● le photographe
6. Sculpter ●	● la peinture ●	● le dessinateur

2. Associe pour faire une phrase.

1. Malika joue ●	● **a.** au cinéma avec Marcel.
2. Paco lit ●	● **b.** avec un crayon à papier et des crayons de couleurs.
3. Luis joue ●	● **c.** avec de la gouache et des pinceaux.
4. Luigi dessine ●	● **d.** une bande dessinée.
5. Noriko peint ●	● **e.** un rock avec Lucie.
6. Hans joue ●	● **f.** la comédie, c'est une bonne comédienne.
7. Lamine danse ●	● **g.** au théâtre, il y a une pièce de Molière.
8. Marcel va ●	● **h.** de la guitare et Malika chante.
9. Stanislas visite ●	● **i.** aux échecs avec Luis.
10. Linda va ●	● **j.** le musée du Louvre.
11. Lamine enregistre ●	● **k.** des morceaux de musique qu'il choisit sur Internet.

3. **a) Complète les bulles avec les expressions et mots suivants :** l'expo Gauguin - chante - au ciné - du temps libre - danse.

Cet après-midi, je vais .... Et toi, tu fais quoi ?

Moi, je voudrais voir .... au Grand-Palais.

Cet après-midi, je .... avec la chorale de l'école, tu viens ?

Je ne peux pas, j'ai un cours de ....

b) Réponds à la question.

Et toi, qu'est-ce que tu fais quand tu as .... ?

Moi, ...
....
....
....
....

On bouge ?

LES SPORTS

Les arts martiaux :

L'aïkido

Le karaté

Le judo

L'équitation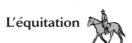

Les sports d'équipe :

Le football

Le handball

Le volley-ball

Le rugby

Le basket

Le tennis

Le ping-pong

L'athlétisme

La gymnastique

La course

Les agrès

La natation

JEUX OLYMPIQUES

INTER-VILLES

SI VOUS AVEZ ENTRE 11 ET 15 ANS
INSCRIVEZ-VOUS!
DE NOMBREUX PRIX
-1ER PRIX:
-2EME PRIX:
-3EME PRIX:
DE NOMBREUX CADEAUX
20
35
40
50

On va s'inscrire ! Moi, je joue super* bien au foot. Il faut former une équipe.

Moi, je suis un super joueur de tennis.

Moi, je monte super bien à cheval.

Moi, je suis un champion en crawl, je nage super vite !

Bon, on va s'entraîner ! On va faire de l'exercice !

Courez !

Sautez !

Grimpez !

Pédalez !

VTT = Vélo Tout Terrain. Mot familier : *super* = très.

..1.. **Trouve les 18 noms de sport.**
13 en horizontal → 5 en vertical ↓

Tu trouveras 12 noms de sport sur la page 92, 6 disciplines sportives ne sont pas page 92.

Il manque :

– 2 sports nautiques (1 sous l'eau en horizontal →,
1 sur l'eau en vertical ↓)

– 2 sports de plein air en horizontal → (1 où tu montes,
1 où tu pédales)

– 2 sports de glisse (1 sur la glace en horizontal →,
1 sur la neige en vertical ↓)

A	T	B	A	S	K	E	T	I	O	I
H	A	N	D	B	A	L	L	A	U	P
S	G	C	O	U	R	S	E	Ï	P	P
K	R	J	U	D	O	S	X	K	V	I
I	E	Q	U	I	T	A	T	I	O	N
P	A	T	I	N	A	G	E	D	I	G
R	U	G	B	Y	T	H	N	O	L	–
N	A	T	A	T	I	O	N	U	E	P
P	L	O	N	G	E	E	I	G	T	O
E	U	C	Y	C	L	I	S	M	E	N
F	O	O	T	B	A	L	L	E	Y	G
V	O	L	L	E	Y	-	B	A	L	L
E	S	C	A	L	A	D	E	J	I	O

..2.. **Associe pour faire une phrase.**

1. Le joueur de tennis ●   ● monte ●   ● avec un ballon et il y a deux équipes.
2. Le footballeur   ●   ● nage ●   ● sous l'eau avec des bouteilles d'oxygène.
3. Le nageur   ●   ● joue ●   ● à cheval. Il a un chapeau qui s'appelle une bombe.
4. Le plongeur   ●   ● court ●   ● au tennis avec une raquette et une balle.
5. Le coureur   ●   ● plonge ●   ● le crawl à la piscine.
6. Le cavalier   ●   ● joue ●   ● le 110 mètres haies.

..3.. **Complète le texte avec les expressions et les mots suivants :** s'inscrivent - le football - le judo - faire de l'exercice - l'escalade - les arts martiaux - la gymnastique - ski - la voile - la planche à voile.

Aujourd'hui, les jeunes Français sont plus sportifs qu'avant.

Les garçons préfèrent les sports collectifs : ...., le basket, le handball, et .... : le karaté, ..., l'aïkido.

Les filles préfèrent les sports individuels : ...., la natation, le jogging.

En ville, les filles et les garçons .... dans des clubs et des associations sportives pour ....

Pendant les vacances, les jeunes Français ont du temps. En été, ils font des activités de plein air : le parapente, le VTT, ..., la randonnée, ..., ..., le ski nautique.

En hiver, ils font du ...., du patin à glace.

Les jeunes veulent avoir la forme !

..1.. Choisis la bonne réponse.

1. Luis veut peindre, il a besoin d'un ballon d'un pinceau .

2. Hans veut jouer au basket, il a besoin d'un ballon d'une balle .

3. Malika veut modeler, elle a besoin d'un marteau d'argile .

4. Lucie veut nager, elle a besoin d'un maillot de bain d'un short .

5. Noriko veut lire, elle a besoin d'un livre d'une télé .

6. Linda veut photographier, elle a besoin d'une télé d'un appareil photo .

7. Paco veut jouer aux jeux vidéo, il a besoin d'un piano d'une console .

8. Marcel veut jouer de la musique, il a besoin d'une guitare d'un ballon .

9. Stanislas veut faire de l'équitation, il a besoin d'un chien d'un cheval .

..2.. Devinettes.

a) Les sports.

1. Il faut un ballon ovale et 2 équipes de 15 joueurs.

C'est ....

2. Il faut un kimono, une ceinture et un tatami.

C'est ....

3. Il faut 2 joueurs, un court, une raquette et une balle.

C'est ....

4. Il faut 2 joueurs, une table, une raquette et une petite balle.

C'est ....

5. À toi, invente une devinette pour un sport.

....

....

b) Les arts.

1. Il faut une scène et des spectateurs.

C'est ....

2. Il faut une scène, de la musique et des spectateurs.

C'est ....

3. Il faut une grande salle, un grand écran et des spectateurs.

C'est ....

4. Il faut du papier, un crayon noir, des crayons de couleurs ou des feutres.

C'est ....

5. À toi, invente une devinette pour un art.

....

....

..3.. Complète les phrases avec les mots suivants : monte - la guitare - la comédie - des pièces - des films - musée - l'équipe.

1. Lucie fait du théâtre, elle joue ....

2. Luigi est instrumentiste, il joue de ....

3. Lamine joue au football, il joue dans .... des Bleus.

4. Luis est un bon cavalier, il .... à cheval depuis qu'il a cinq ans.

5. Hans aime aller voir des expositions, il va souvent au ....

6. Malika aime aller au théâtre, elle va souvent voir .... de théâtre.

7. Lamine aime aller au cinéma, il va souvent voir ....

92 – quatre-vingt-douze

4 Chasse l'intrus.

1. Le karaté / le judo / le football / l'aïkido.
2. Le basket / le volley-ball / l'équitation / le handball.
3. Le tennis / la natation / le ping-pong.
4. La voile / le ski / le judo.
5. La plongée / le rugby / la natation.
6. La danse / la natation / le handball.
7. La danse / le théâtre / la peinture.
8. La peinture / le dessin / la musique / la sculpture.
9. Le cinéma / le théâtre / le concert / la lecture.

5 Choisis la bonne réponse.

1. Luigi joue fait au tennis.
2. Luigi joue fait du tennis.
3. Stanislas joue fait au football.
4. Stanislas joue fait du football.

Qu'est-ce que tu observes ?

....
....
....
....
....
....

Attention ! Pour les instruments, on dit : jouer une symphonie au piano et jouer du piano,
ou jouer une mélodie à la guitare et jouer de la guitare.

6 Donne des conseils à tes amis.

Exemple : Paco aime l'eau. → Fais de la natation.

1. Luigi aime taper dans un ballon.

→ ....

2. Nicolas aime les couleurs.

→ ....

3. Lucie aime jouer la comédie.

→ ....

4. Luis aime le sport et les animaux.

→ ....

5. Linda aime les arts martiaux.

→ ....

6. Jenifer aime bouger et elle aime la musique.

→ ....

7. Marcel aime les sports d'équipe.

→ ....

7 Test.

Quelle activité te convient ?

- Pendant ton temps libre, tu préfères être :

  seul(e)   □ ●

  avec des copains □ ○

- À l'école, ton cours préféré c'est :

  le sport   □ ◆

  le français   □ ♥

  le dessin   □ ✳

  la musique   □ ♫

- Pendant le cours d'éducation physique. tu préfères :

  faire des exercices   □ ●

  jouer au ballon avec tes copains □ ○ ◆

- Tu préfères habiter :

  dans une grande ville □ ○

  à la campagne   □ ●

- Si tu dois garder un seul objet dans ton sac, tu choisis :

  des baskets □ ◆

  une flûte   □ ♫

  une balle pour jongler □ ■

  une boîte de pastels   □ ✳

  ton journal intime   □ ● ♥

  un roman   □ ● ♥

- Si tu sors, tu préfères aller :

  au ciné   □ ■

  au théâtre   □ ■ ○ ♥

  au concert   □ ○ ♫

  au musée   □ ✳

- Quand tu as du temps libre, tu préfères :

  sortir   □ ○

  tchater sur Internet   □ ○

  jouer sur ton ordinateur □ ●

  regarder la télé   □ ●

Réponses :

- **Si tu as 2 ou 3 ◆** fais du sport. **Si tu as entre 4 et 7 ●** pratique un sport en salle comme la gymnastique, le stretching ou encore la natation.
- **Si tu as entre 4 et 7 ○** pratique un sport d'équipe comme le basket, le handball, le volley-ball…
- **Si tu as 2 ou 3 ✳ et entre 3 et 7 ●** fais des arts plastiques : du dessin, de la peinture, du modelage, de la sculpture.
- **Si tu as 2 ou 3 ♥ et entre 3 et 7 ●** écris un roman, des nouvelles.
- **Si tu as 2 ou 3 ■ et entre 3 et 7 ○** pratique les arts du spectacle, le mime, le cirque.
- **Si en plus tu as entre 1 et 3 ♫** fais de la danse.
- **Si tu as 2 ou 3 ♫** joue de la musique. **Si tu as entre 3 et 7 ●** joue du piano, de la guitare. **Si tu as entre 3 et 7 ○** fais de la batterie ou du chant.

8 Vrai ou Faux ?

	Vrai	Faux
1. Les arts martiaux sont des sports de combat.	□	□
2. Les rollers sont des patins à roulettes.	□	□
3. On peut enregistrer de la musique sur Internet.	□	□
4. On dit « je visite un musée ».	□	□
5. On dit « je rends visite à mes copains ».	□	□
6. Au concert, on va écouter un homme politique.	□	□
7. À la bibliothèque, on va lire un livre.	□	□
8. Le tennis est un sport qui se joue en équipe.	□	□
9. Pour jouer aux échecs, il faut deux joueurs.	□	□
10. Le poker est un jeu de cartes.	□	□
11. chater sur Internet, c'est jouer à des jeux.	□	□

9. Lis le texte et réponds aux questions.

Le parapente – la Coupe Icare – un grand spectacle !

La Coupe Icare est une importante manifestation. Pendant quatre jours, il y a des démonstrations de vols et d'acrobaties. Cet été, pour la 30e manifestation, 75 000 spectateurs sont venus voir 100 voiles de couleur dans le ciel. Il y avait aussi de la super musique, chaque soir un concert : trois groupes avec DJ et des images de sport sur un grand écran.

Pour les enfants, on a lancé 4 000 avions en papier.

1. Pourquoi la manifestation de la Coupe Icare est-elle un spectacle ?

....

....

2. La coupe Icare présente des vols en parapente et quoi d'autre ?

....

....

3. Aimerais-tu aller à cette manifestation ? Si oui, ou si non, pourquoi ?

....

....

10. Lucie écrit une lettre à sa mère. Elle raconte ses activités au centre la Planète Bleue.
Complète la lettre avec les mots suivants : du sport - des arts martiaux - l'ordinateur - les arts du spectacle - la natation - le modelage - la danse - l'équitation.

Chère maman,
Au centre la Planète Bleue, je m'amuse bien, il y a beaucoup d'activités. On peut faire .... : de l'athlétisme, ..., de l'équitation, des sports d'équipe, ... de la natation.
J'ai choisi .... parce que j'aime les animaux, et .... parce que j'aime l'eau.
On peut aussi faire des activités culturelles : les arts visuels, ..., les jeux sur .... , de la musique, la lecture.
J'ai choisi ...., j'aime toucher l'argile et .... parce que j'aime le rythme et la musique.
Comme tu vois, je ne m'ennuie pas.
Je t'embrasse.
                                    Lucie

11. Écris une lettre à Lucie et raconte tes activités pendant les vacances.

Chère Lucie,

....

....

....

....

....

....

....

....

....

....

....

....

23 La leçon de gymnastique

Lève les bras **et** les épaules !
Plie les coudes **et** les poignets !

Tape des mains !
Tape des pieds !

Assieds-toi, écarte les jambes et plie les genoux !

Lève-toi !
Tu es debout.
Étire-toi !

Allonge-toi sur le ventre, tends les jambes !
C'est bien pour muscler les fesses **et** les cuisses.

Couche-toi **sur** le dos, lève les jambes, pointes de pied tendues ! C'est bien **pour muscler** les mollets.

Pour muscler le visage, **quelques exercices :** penche la tête, ferme les yeux, fronce les sourcils, tire la langue, ouvre la bouche, montre les dents, dilate les narines.

..1.. Place les différentes parties du corps.

a. ....

b. ....

c. ....

d. ....

e. ....

f. ....

g. ....

h. ....

l. ....

j. ....

k. ....

l. ....

m. ....

n. ....

o. ....

p. ....

q. ....

..2.. Associe chaque élément à la partie du corps.

1. Le coude ●

2. La cheville ●

3. Le ventre ●

4. Les orteils ●

5. Le menton ●

6. Les doigts ●

7. Les cuisses ●

8. Les genoux ●

9. Le nez ●

10. Le poignet ●

11. Les cils ●

● **a.** les bras

● **b.** les jambes

● **c.** le tronc

● **d.** le visage

● **e.** les pieds

● **f.** les mains

..3.. Associe les dessins :

• **aux actions suivantes :**

1. lever **2.** plier **3.** pencher **4.** marcher
5. taper **6.** tendre **7.** étirer **8.** écarter.

• **aux trois postures :**

A. debout **B.** assis **C.** coucher.

a   b   c   d

e   f   g   h

i   j   k

24 C'est pas la forme !

- Paco est malade, il a de la fièvre, il a attrapé la grippe, il est enrhumé, il a le nez qui coule. Il a mal à la tête.

Pour se soigner, il va chez le docteur.

DOCTEUR MICHU
Médecin Généraliste
Consultation sans rendez-vous
du lundi au vendredi
de 14 heures à 20 heures

la salle d'attente
les patients
le cabinet du docteur

- Le médecin donne à Paco une ordonnance, il doit prendre des médicaments. Il va bientôt guérir. Il sera en pleine forme. Paco achète les médicaments à la pharmacie.

DOCTEUR MICHU
Médecin Généraliste

Prendre 15 gouttes de Perlinpinpin.
1 pastille à sucer 3 fois par jour pour les maux de gorge
1 cuillère de sirop, 2 fois par jour pour la toux.

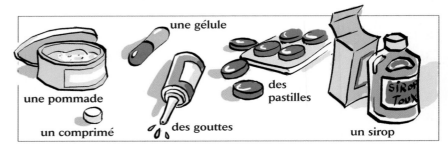

une gélule
une pommade
un comprimé
des gouttes
des pastilles
un sirop

- Hans a eu un accident, il s'est fait mal, il a une blessure. Il va aux urgences à l'hôpital, mais ce n'est pas grave. Il faut désinfecter la plaie avec un désinfectant et mettre un pansement. On doit le vacciner contre le tétanos, on lui fait une piqûre.

un hôpital
les urgences
une piqûre
un pansement
une infirmière

une ambulance

- Luigi a mal aux dents, il a une carie, il va chez le dentiste.

..1.. **Devinettes. Ce sont des médicaments.**

1. Qu'est-ce qui est rond et que l'on avale avec de l'eau ?

→ C'est ....

2. Qu'est-ce qui est petit, en capsule et qui contient de la poudre ?

→ C'est ....

3. Qu'est-ce qui est en pâte et que l'on étale sur la peau pour se soigner ?

→ C'est ....

4. Qu'est-ce qui est liquide, sucré et que l'on avale avec une cuillère ?

→ C'est ....

5. Qu'est-ce qui est rond et que l'on peut sucer ?

→ C'est ....

6. Qu'est-ce qu'il faut compter avant de l'avaler ?

→ C'est ....

..2.. **Trouve une devinette pour une piqûre et un pansement.**

1. ....

→ C'est ....

2. ....

→ C'est ....

..3.. **Paco est malade. Il va chez le docteur. Complète le dialogue avec les mots suivants :**
une angine - médicaments - gouttes - comprimés - la fièvre - enrhumé - pastilles - sirop - forme - la tête - ordonnance - la grippe - grave - la salle d'attente.

Paco :　　　　Bonjour Madame. J'ai rendez-vous avec le Docteur Michu à 14 heures.

La secrétaire : Oui, installez-vous dans ...., il va vous appeler.

(Quelques minutes plus tard)

Le docteur :　　La personne suivante, s'il vous plaît.

(Dans le cabinet)

Le médecin :　Qu'est-ce qui vous arrive ?

Paco :　　　　J'ai de ...., je tousse, je suis .... Je crois que j'ai attrapé ....
　　　　　　　J'ai mal à ....

Le médecin :　Déshabillez-vous, je vais vous ausculter. Ouvrez la bouche ! Ah ! vous avez ....

Paco :　　　　C'est ...., docteur ?

Le médecin :　Non pas du tout, vous allez prendre des ....
　　　　　　　Je vous prescris :　　– vingt .... de Perlinpinpin, le matin,
　　　　　　　　　　　　　　　　– deux .... de Jouvence le matin,
　　　　　　　　　　　　　　　　– trois .... à sucer, le matin, l'après-midi et le soir,
　　　　　　　　　　　　　　　　– une cuillère à soupe de .... le soir.
　　　　　　　Pendant 8 jours, et après vous serez en pleine .... !
　　　　　　　Voici votre .... Si ça ne va pas mieux, revenez me voir.

1 Associe la partie du corps à l'activité. Attention : il y a plusieurs réponses possibles.

1. Les mains ●
2. Les jambes ●
3. Les pieds ●
4. Les dents ●
5. Les oreilles ●
6. Les bras ●
7. La bouche ●
8. Les yeux ●

● **a.** Sculpter
● **b.** Manger
● **c.** Marcher
● **d.** Jouer du piano
● **e.** Écouter de la musique
● **f.** Parler
● **g.** Porter un sac

2 Retrouve les cinq sens. Associe la partie du corps, le verbe, les noms qui correspondent.

a. Les yeux ●
b. La main ●
c. Les oreilles ●
d. La bouche ●
e. Le nez ●

● **1.** Sentir ●
● **2.** Goûter ●
● **3.** Voir ●
● **4.** Toucher ●
● **5.** Entendre ●

● **6.** L'ouïe
● **7.** La vue
● **8.** Le toucher
● **9.** Le goût
● **10.** L'odorat

3 Complète avec les mots suivants : la tête - les ongles - lèvres - la peau - les yeux.

1. Lucie met du rouge à ....
2. Paco met des lunettes de soleil pour protéger ....
3. Nicolas met de la crème solaire pour protéger ....
4. Linda met du vernis sur ....
5. Luigi met un chapeau sur ....

4 Range uniquement les médicaments dans l'armoire à pharmacie parmi la liste des produits suivants.

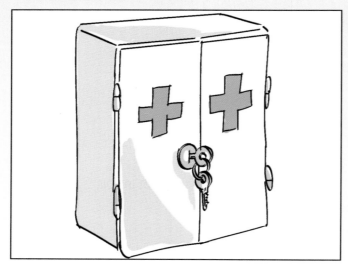

Un désinfectant

Un tube de dentifrice

Une crème hydratante pour le visage

Un tube de pommade pour l'acné

Des comprimés d'aspirine

Un flacon de parfum

Un savon

Des gouttes de collyre pour les yeux

Des pastilles pour la toux

5. Pour te soigner, de quoi as-tu besoin ? Associe. Attention : il y a plusieurs réponses possibles.

1. Un pansement ●
2. Une pastille ●
3. De la pommade ●
4. Un désinfectant ●
5. Un comprimé ●
6. Une piqûre ●

● a. Un vaccin
● b. Une grippe
● c. Un mal de gorge
● d. De la fièvre
● e. Une blessure
● f. Une bosse

6. Est-ce que ces maux sont un accident, une maladie ?
Pour te soigner, dois-tu aller chez le médecin, chez le dentiste ou aux urgences à l'hôpital ?
Coche les bonnes réponses.

	1. un accident	2. une maladie	3. Chez le médecin	4. Chez le dentiste	5. Aux urgences
un bras cassé					
une carie					
la grippe					
un rhume					
une dent cassée					
une angine					
de la fièvre					
une bosse					
une brûlure					
une coupure					

7. Fais des phrases avec à la, au ou aux, selon les exemples suivants.

La tête → Il a mal à la tête. – *Le ventre* → Il a mal au ventre. – *Les pieds* → Il a mal aux pieds. – *L'œil* → Il a mal à l'œil.

1. **Le** dos → ....
2. **La** cheville → ....
3. **Le** poignet → ....
4. **Le** cou → ....
5. **Les** yeux → ....
6. **La** cuisse → ....
7. **Le** mollet → ....

8. **La** main → ....
9. **Les** genoux → ....
10. **Les** jambes → ....
11. **Le** doigt → ....
12. **L'**orteil → ....
13. **L'**oreille → ....
14. **Les** épaules → ....

8 **Trouve le verbe.**

Exemple : La guérison → *guérir*.

1. La toux → ....
2. Le vaccin → ....
3. Une coupure → ....
4. Une blessure → ....
5. Une brûlure → ....
6. Le soin → ....
7. La grippe → ....
8. Le rhume → ....
9. La consultation → ....
10. L'auscultation → ....
11. Un désinfectant → ....

9 **Vrai ou Faux ?**

	Vrai	Faux
1. Le médecin ausculte le malade pour faire un diagnostic.	☐	☐
2. Quand on est en bonne santé, on n'est pas malade.	☐	☐
3. Quand on a une carie, on va chez le médecin.	☐	☐
4. Avec l'ordonnance, le patient va à la pharmacie acheter des médicaments.	☐	☐
5. Le pharmacien vend seulement des médicaments.	☐	☐
6. Le visage est une partie du tronc.	☐	☐
7. L'infirmière fait des soins et des piqûres aux malades.	☐	☐
8. Le tronc est la partie centrale du corps sur laquelle s'attachent la tête, les bras et les jambes.	☐	☐

10 **Chasse l'intrus.**

a)
1. La cheville / le coude / le poignet.
2. Le mollet / les doigts / la cuisse.
3. Le ventre / les seins / le genou.
4. Le dos / les fesses / le cou.
5. L'œil / la main / le nez.
6. Les orteils / le pied / la main.
7. Les doigts / le pied / la main.
8. Les cils / le nez / les yeux.
9. La bouche / l'œil / la langue.
10. Les narines / le nez / les oreilles.

b)
11. Médecin / comprimé / dentiste.
12. Grippe / fièvre / pansement.
13. Consultation / pharmacie / salle d'attente.
14. Gélule / pommade / comprimé.
15. Rhume / grippe / blessure.

11. **Complète le mél que Paco envoie à sa mère avec les expressions et les mots suivants :**
en pleine forme - enrhumé - des médicaments - des comprimés - un accident - aux dents - chez - une carie - grave.

Chère maman,

Je suis malade, j'ai attrapé froid et je suis .... J'ai été chez le médecin. Il m'a donné .... :

des pastilles, ... et du sirop.

Hans a eu ...., il s'est coupé à la main. Il a été à l'hôpital. On lui a fait un vaccin. Maintenant, il a un gros pansement.

Luigi a mal ...., il a .... parce qu'il mange trop de bonbons. Il a été .... le dentiste.

Mais ce n'est pas ...., pas besoin de venir me chercher, tout le monde est soigné et ....

Bisous

Paco

12. **Dessine et imagine des exercices de gymnastique, utilise les verbes suivants :** lève ! - plie ! - tape ! - penche ! - tends ! - tire ! - assieds-toi ! - lève-toi ! - allonge-toi ! - étire-toi !

25

La rentrée

C'est la rentrée, je prépare mes affaires. J'ai mon cartable, ma trousse, un stylo, une règle, un crayon, une gomme, un taille-crayon, un cahier, un classeur, quoi d'autre ?

■ Dans la cour du collège.

Je suis en 4e B. Et toi, tu es dans quelle classe ?

Je suis en 3e A.

■ Le système scolaire français.

Quand j'étais petit, entre 3 et 6 ans, j'ai été à l'école maternelle, puis entre 7 et 10 ans à l'école élémentaire. Maintenant je suis au collège. Je suis rentré à 11 ans en 6e, à 12 ans j'étais en 5e, l'année dernière en 4e et cette année en 3e, je passe le brevet à la fin de l'année. L'année prochaine je rentre au lycée en seconde, en 1re je choisirai quel bac* je veux passer, et je passerai le bac en terminale. J'espère que je serai reçu à cet examen. Sinon je ne pourrai pas rentrer à l'université.

■ L'élève.

J'apprends le français. J'étudie le français, je suis des cours de français. Je fais mes devoirs, j'apprends mes leçons. Je passe un examen.

■ Le prof.

J'enseigne le français, je donne des cours de français. Je corrige les copies. Je donne des notes, je note les copies.

---

* Le prof, la prof : diminutif pour dire « le professeur » (le professeur, mot toujours au masculin).
* Le bac : diminutif de « baccalauréat ».

1 Que mets-tu dans ton cartable ?

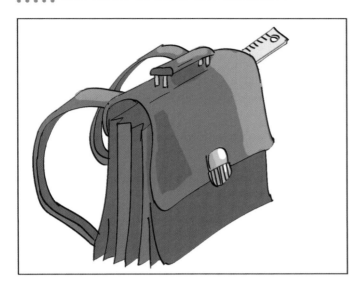

- une trousse
- un ballon
- un cahier de textes
- un protège-cahier
- un livre
- des crayons de couleurs
- une règle
- des feutres
- un pain au chocolat
- un stylo plume
- des baskets

2 Choisis la bonne réponse.

1. Linda | passe | apprend | un examen.

2. Lucie | passe | suit | un cours de latin.

3. Linda | apprend | suit | le français

4. Léo | apprend | fait | ses devoirs.

5. Malika | apprend | passe | ses leçons.

6. Jenifer | étudie | suit | le français.

7. Le professeur de maths | enseigne | donne | des cours aux élèves de 3^{e}B.

8. Le professeur de maths | donne | enseigne | les mathématiques aux élèves de 3^{e}B.

9. Le professeur de maths | corrige | écrit | les copies.

10. Le professeur de maths | note | enseigne | les copies.

11. Jenifer et Malika | rentrent | apprennent | en 4e.

12. La sœur de Malika | est suivie | est reçue | au baccalauréat.

3 Dans quelle classe et dans quelle école va un élève en France ? Complète le tableau.

	Classe	École
à 5 ans	en grande section	
à 7 ans	au cours préparatoire	
à 11 ans		
à 12 ans		
à 13 ans		
à 14 ans		
à 15 ans		
à 16 ans		
à 17 ans		
à 18 ans		

26

La rentrée

> J'ai mon emploi du temps. Le mardi, le jeudi et le vendredi, je finis à 4 heures. Le samedi et le dimanche, c'est le week-end, je peux voir les copains.

◼ L'emploi du temps

		LUNDI	MARDI	MERCREDI	JEUDI	VENDREDI
	8 h 30	Hist/Géo	Latin	Maths		
	9 h 30	LV1 Anglais	Musique	Maths	Français	
◯	10 h 30	Maths	Maths	Français	Français	LV2 Allemand
	11 h 30	Latin	Hist/Géo	Physique	Français	Hist/Géo
		Cantine				
	14 h 00	LV2 Allemand	EPS		LV1 Anglais	Latin
	15 h 00	EPS	SVT		LV2 Allemand	Arts plastiques
◯	16 h 00	EPS	Technologie		Physique	LV1 Anglais
	17 h 00	Hist/Géo				

SVT = Sciences de la Vie et de la Terre
EPS = Éducation Physique et Sportive
LV = Langue Vivante. 2 langues au choix.

Hist/Géo = Histoire et Géographie
Le latin n'est pas obligatoire.

◼ Quelle heure est-il ?

• L'heure usuelle sur 12 heures
En cas de doute on précise : « du matin », « de l'après-midi », « du soir ».

Il est 3 heures.

Il est 3 heures et quart.

Il est 3 heures et demie.

Il est 4 heures moins le quart.

Il est midi (le jour).

Il est minuit (la nuit).

• L'heure officielle sur 24 heures

Il est 15 heures (quinze heures).

Il est 15 heures 15 (quinze heures quinze).

Il est 15 heures 30 (quinze heures trente).

Il est 15 heures 45 (quinze heures quarante-cinq).

Il est 12 heures (douze heures).

Il est 0 heure (zéro heure).

◼ Le calendrier des vacances scolaires
Pour Paris et la région parisienne :

Rentrée des classes → mercredi 3 septembre
Vacances de la Toussaint → du mercredi 22 octobre au lundi 3 novembre
Vacances de Noël → du vendredi 19 décembre au lundi 5 janvier
Vacances d'hiver → du vendredi 13 au lundi 27 février
Vacances de Pâques → du vendredi 9 au lundi 26 avril
Vacances d'été → le mercredi 30 juin

◼ Les mois de l'année et les saisons

septembre ⎫
octobre ⎬ l'automne
novembre ⎭

décembre ⎫
janvier ⎬ l'hiver
février ⎭

mars ⎫
avril ⎬ le printemps
mai ⎭

juin ⎫
juillet ⎬ l'été
août ⎭

1. Complète la grille avec les sept jours de la semaine.

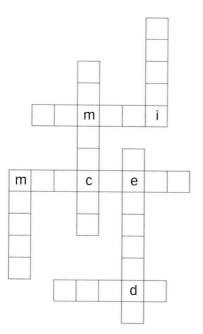

2. Trouve les douze mois de l'année.

A	J	X	Y	U	I	L	J	O
J	U	I	L	L	E	T	A	U
U	I	P	M	L	D	K	N	H
F	E	V	R	I	E	R	V	N
A	O	U	T	J	C	E	I	B
Z	E	R	T	Y	E	O	E	G
S	E	P	T	E	M	B	R	E
N	O	V	E	M	B	R	E	A
Q	C	S	M	A	R	S	D	U
F	T	H	A	V	E	J	I	Y
U	O	K	I	R	M	W	U	R
E	B	J	U	I	N	C	V	G
B	R	E	O	L	P	N	B	O
I	E	U	R	Q	W	U	O	X

3. Quelle heure est-il? Donne l'heure usuelle et l'heure officielle.

20 h 15	13 h 45	8 h 30	12 h

Il est ....   Il est ....   Il est ....   Il est ....

Il est ....   Il est ....   Il est ....   Il est ....

4. Regarde l'emploi du temps de Léo page 106 et réponds par Vrai ou Faux.

	Vrai	Faux
1. Léo n'a pas cours le mercredi matin.	☐	☐
2. Léo mange à la cantine entre 12 h 30 et 14 h.	☐	☐
3. Les cours sont de cinquante minutes.	☐	☐
4. Le latin est une matière obligatoire.	☐	☐
5. Les collégiens français étudient trois langues vivantes à l'école.	☐	☐
6. Léo fait deux heures d'arts plastiques par semaine.	☐	☐
7. Les collégiens choisissent les langues vivantes qu'ils veulent étudier.	☐	☐

1. Quelle heure est-il ? Écris l'heure officielle en toutes lettres.

À Paris, il est 0 heure.

À New York, il est 6 heures de moins qu'à Paris.

1.

À Mexico, il est 7 heures de moins qu'à Paris.

2.

À Tokyo, il est 8 heures de plus qu'à Paris.

3.

Il est ....

Il est ....

Il est ....

2. Associe les phrases qui ont le même sens.

1. Il est midi. ●
2. Il est minuit. ●
3. Il est cinq heures et demie de l'après-midi. ●
4. Il est huit heures moins le quart du soir. ●
5. Le samedi et le dimanche. ●

● **a.** Il est dix-sept heures trente.
● **b.** Il est dix-neuf heures quarante-cinq.
● **c.** Il est douze heures.
● **d.** Le week-end.
● **e.** Il est zéro heure.

3. Regarde l'agenda de Léo et réponds aux questions.

SAMEDI 25 OCTOBRE	
9 h	Regarder émission scientifique à la télé sur la 2
10 h	Rendez-vous au café avec Lucie
11 h	
12 h	Déjeuner au snack avec Valentine.
13 h	
14 h	Cours de tennis.
15 h	
16 h	
17	Faire mes devoirs.

1. Quelle est la date ?

....

2. Pourquoi Léo ne va-t-il pas au collège ?

....

3. Que fait-il à midi ?

....

4. Que fait-il à cinq heures, en fin d'après-midi ?

....

4 Quelle est la saison ?

1. .... 2. .... 3. .... 4. ....

5 Que met-on dans une trousse ?

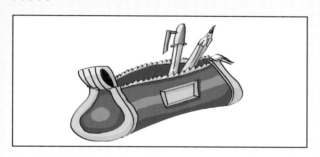

1. un crayon noir   7. un stylo
2. un livre   8. un compas
3. un feutre   9. un classeur
4. un taille-crayon   10. des feuilles
5. un cahier   11. un protège-cahier
6. une gomme   12. un stylo plume

6 Retrouve les affaires d'école que Lucie met dans son sac à dos et utilise l'article **un** ou **une**.

STY	CA	YON	ME	VRE	LLE
CRA	RE	GOM	HIER	SSEUR	TROU
LI	CLA	LO	GLE	FEUI	SSE

....
....
....

7 Réponds à la question.

Et toi, quelles sont tes affaires d'école ?

Moi, ...
....
....
....
....

8. Regarde l'emploi du temps de Léo. Quelles sont les matières que Léo étudie en classe ? Complète le tableau.

1	Histoire et Géographie	**7**	....
2	Mathématiques	**8**	....
3	Langue vivante 1 - Anglais	**9**	....
4	....	**10**	....
5	....	**11**	....
6	....	**12**	....

9. Quelles sont les matières que tu étudies en classe ?

....
....
....
....
....
....

Quelle matière préfères-tu ? Pourquoi ?

....
....
....
....

10. Vrai ou Faux ?

	Faux	Vrai
1. On appelle « la rentrée », le premier jour d'école après les vacances d'été.	☐	☐
2. Une heure = soixante minutes.	☐	☐
3. Une minute = soixante secondes.	☐	☐
4. Les élèves en France passent le brevet à la fin de la troisième.	☐	☐
5. Les élèves en France passent le baccalauréat à la fin de la première.	☐	☐
6. Les élèves français vont au collège pendant trois ans.	☐	☐
7. Les élèves français vont au lycée pendant trois ans.	☐	☐
8. On apprend à lire au collège.	☐	☐
9. Une année scolaire commence en septembre et finit en juin.	☐	☐
10. Il y a quatre saisons.	☐	☐

11. Regarde l'emploi du temps de Léo. Combien d'heures de cours fait un élève de 3e par semaine, dans un collège en France.

Réponse :
Un collégien a 27 heures de cours. Léo a 30 heures de cours parce qu'il fait du latin. Il a 3 heures de latin qui ne sont pas obligatoires.

Et toi, combien as-tu d'heures de cours ?

12. Regarde le calendrier des vacances scolaires pour l'année 2003-2004. Combien de semaines de vacances Léo a-t-il pendant l'année ?

Réponse :
Un collégien français a 160 jours de cours par an et 16 semaines et demie de vacances.

Et toi, combien as-tu de semaines de vacances par an et à quel moment : en automne, en hiver, au printemps, en été ?

13. Dans quelle classe et dans quelle école va un élève dans ton pays ? Complète le tableau et compare avec le tableau de l'exercice 3 page 105.

	Classe	École
à 5 ans		
à 7 ans		
à 11 ans		
à 12 ans		
à 13 ans		
à 14 ans		
à 15 ans		
à 16 ans		
à 17 ans		
à 18 ans		

Communiquer

A. Se saluer - Se rencontrer

Imagine un dialogue. Complète les bulles.
Utilise le vocabulaire des unités 1, 2, 5, 20 et 25.

> Bonjour !
> Ça va ?

1.

2.

3.

> Je m'appelle
> Victoria.

4.

> Tu as quel
> âge ?

5.

6.

7.

> Je suis
> en 5ᵉ.

8.

9.

> Je viens du Portugal.
> J'habite à ....
> Je suis ....

10.

> Bon, à bientôt, j'ai cours.
> Je te laisse mon numéro
> de portable. C'est le
> 06-74-12-56-20.

11.

12.

B. Se présenter - Exprimer ses goûts et ses préférences

Lucie se présente, présente-toi.
Dis ton prénom, ton âge,
ta nationalité, où tu habites,
ton collège, ta classe,
ce que tu aimes faire
et ce que tu n'aimes pas.
Utilise le vocabulaire des unités 1,
5, 6, 12, 19, 21, 22 et 25.

> Bonjour, je m'appelle Lucie,
> j'ai 13 ans. Je suis française,
> j'habite à Paris. J'aime faire
> du théâtre, de la danse, de la
> natation. Je suis au collège
> Gauguin en 4ᵉ. J'aime les
> langues et le cours d'arts
> plastiques. Je n'aime pas
> faire la vaisselle et ranger
> ma chambre. Et toi ?

> Moi, ...

C. Décrire quelqu'un

a) Quel est le physique et quel est le caractère de ta meilleure amie ou de ton meilleur ami ?
Utilise le vocabulaire des unités 3 et 4.

....

....

....

....

....

....

b) Comment t'habilleras-tu en 2024 ?
Utilise le vocabulaire des unités 7 et 8.

1. Ta grand-mère s'habillait comme ça en 1955.	**2. Ta mère** s'habillait comme ça en 1981.	**3. Et toi** comment es-tu habillée aujourd'hui ?	**4. Quand tu auras 20 ans,** en 2024, comment t'habilleras-tu ?

D. Décrire son habitation

Comment est ta maison ou ton appartement ? Combien y a-t-il de pièces ? Quelles sont les pièces ?
Où sont les pièces ? Quels sont les meubles ? Comment est ta chambre ?
Utilise le vocabulaire des unités 11 et 13.

....

....

....

....

....

....

....

E. Demander et répondre

Complète les bulles. Utilise le vocabulaire des unités 10, 11, 17, 26.

F. Acheter quelque chose - Téléphoner

.....1. **Lucie commande une pizza pour cinq personnes, des boissons et une glace par téléphone. Imagine le dialogue. Utilise le vocabulaire des unités 9, 10 et 20.**

.....2. **Lucie est malade, elle a de la fièvre. Elle va à la pharmacie acheter de médicaments. Imagine le dialogue avec le pharmacien. Utilise le vocabulaire des unités 9, 10, 23 et 24.**

G. Raconter

1 Que font-ils ?
Utilise les expressions des unités 9, 10, 14, 16, 17 et 20.

....

....

2 Raconte une journée. Utilise le vocabulaire des unités 7, 11, 14, 15, 17, 18, 21, 22, 25 et 26.

Le matin, je me lève à 7 heures.

Le soir, je me couche à ... heures.

3 Lucie écrit à sa cousine Johanna. Elle raconte ses vacances. Utilise le vocabulaire des unités 11, 12, 13, 21 et 22.

Chère Johanna,

4 Écris à Lucie. Raconte-lui un voyage. Utilise le vocabulaire des unités 6, 11, 13, 21 et 26.

Chère Lucie,

Voici les mots et les expressions des unités 1 à 26.

Traduis dans ta langue.

Le vocabulaire est regroupé par unité.

- Pour chaque unité, tu trouveras en début de liste les verbes à l'infinitif.

- Ensuite, les noms et les adjectifs.
Tous les adjectifs sont au masculin, la forme au féminin est indiquée comme dans l'exemple suivant : intelligent au masculin, intelligente au féminin = intelligent/e.

- Pour les noms, le genre est indiqué : **(m)** pour masculin, **(f)** pour féminin.

- Puis, en fin de liste, les expressions utilisées dans l'unité de leçon.

Unités 1 et 2   Les salutations - Dire au revoir

aller ....

à bientôt ....
à tout à l'heure ....
au revoir ....
bonjour ....
bonne nuit ....
bonsoir ....
salut ....

– ça va ? ....
– comment ça va ? ....
– comment tu vas ? ....
– comment vas-tu ? ....

– tu vas bien ? ....

– ça va ? ....
– comment ça va ? ....
– comment vous allez ? ....
– comment allez-vous ? ....
– vous allez bien ? ....

– ça va pas mal ....
– ça va bien ....
– ça va très bien ....
– ça va mal ....
– ça va très mal ....

Unité 3   Le caractère

Les qualités (f)
calme ....
courageux/euse ....
doux/douce ....
drôle - *marrant/e* ....
franc/franche ....
gai/gaie ....
généreux/euse ....
gentil/gentille ....
intelligent/e ....
modeste ....

patient/e ....
prudent/e ....
sympathique/sympa ....
travailleur/euse ....

Les défauts (m)
agressif/agressive ....
antipathique ....
avare - *radin/e* ....
bête - idiot(e) ....

égoïste ....
ennuyeux/euse ....
frimeur/euse ....
hypocrite ....
impatient/e ....
imprudent/e ....

lâche ....
méchant/e ....
nerveux/euse ....
paresseux/euse ....
prétentieux/euse ....
triste ....

Unité 4   Le physique

Les cheveux (m)
bouclé/s ....
frisé/s ....
raide/s ....

court/s ....
long/s ....
mi-long/s ....

blond/e ....
brun/e ....
châtain ....
roux/rousse ....

Les yeux (m)
bleu/e/s ....
marron ....
noir/e/s ....
vert/e/s ....

beau/belle ....
de taille moyenne ....
grand/e ....
gros/grosse ....
joli/e ....
laid/e - *moche* ....
maigre ....
mignon/mignonne ....
petit/e ....

Unité 5   Les nationalités - Les langues

être ....
habiter ....
parler ....
venir ....

bilingue ....
étranger/ère ....
habitant (m) ....
international/e ....
nationalité (f) ....
officiel/le ....
pays (m) ....
plurilingue ....
trilingue ....

Les langues
allemand (m) ....
américain (m) ....
anglais (m) ....
arabe (m) ....
brésilien (m) ....
canadien (m) ....
castillan (m) ....
catalan (m) ....
espagnol (m) ....

français (m) ....
grec (m) ....
italien (m) ....
japonais (m) ....
mexicain (m) ....
portugais (m) ....
wolof (m) ....

Les nationalités
algérien/ne ....
allemand/e ....
anglais/e ....
américain/e ....
arabe ....
brésilien/ne ....
canadien/ne ....
catalan/e ....
espagnol/e ....
français/e ....
grec/grecque ....
italien/ne ....
japonais/e ....
mexicain/e ....
portugais/e ....

Unité 6   Le monde - Les continents - Les pays

Les points cardinaux
Le nord ....
Le sud ....
L'est ....
L'ouest ....
L'Occident ....
L'Orient ....

île (f) ....
mer (f) ....
monde (m) ....
océan (m) ....
Terre (f) ....

Les continents
L'Amérique ....
L'Amérique du Nord ....
L'Amérique centrale ....
L'Amérique du Sud ....
L'Afrique ....
L'Afrique du Nord/le Maghreb ....
L'Afrique centrale ....
L'Afrique du Sud ....
L'Afrique de l'Ouest ....
L'Afrique de l'Est ....
L'Asie ....
L'Extrême-Orient ....
Le Moyen-Orient ....
Le Proche-Orient ....
L'Europe ....
L'Europe du Nord ....
L'Europe centrale ....
L'Europe méridionale ....
L'Océanie ....

Les populations
africain (m) ....
américain (m) ....

asiatique (m) ....
européen (m) ....
latino-américain (m) ....

Les pays
L'Algérie ....
L'Allemagne ....
L'Arabie Saoudite ....
L'Argentine ....
L'Australie ....
L'Autriche ....
Le Bénin ....
Le Cameroun ....
Le Canada ....
La Chine ....
La Colombie ....
La Corée ....
Le Costa-Rica ....
La Côte d'Ivoire ....
L'Éthiopie ....
La Finlande ....
La Grèce ....
L'Irak ....
L'Iran ....
Israël ....
L'Italie ....
Le Japon ....
La Jordanie ....
Le Liberia ....
Le Maroc ....
Le Mozambique ....
Le Nigeria ....
La Nouvelle-Zélande ....
La République d'Afrique du Sud ....
La Suède ....
La Syrie ....
La Tunisie ....

Unités 7 et 8   Les vêtements

changer (se) ....
choisir ....
déshabiller (se) ....
enlever ....
habiller (s') ....
mettre ....

préparer ....
à la mode ....
branché/e ....
démodé/e ....
ensemble (m) ....
fringue (f) ....
habit (m) ....

modèle (m) ....
pointure (f) ....
sac (m) ....
taille (f) ....
tissu (m) ....

Les vêtements (m)
anorak (m) ....
bermuda (m) ....
blouson (m) ....
bonnet (m) ....
casquette (f) ....
chemise (f) ....

chemise de nuit (f) ....
chemisette (f) ....
chemisier (m) ....
costume (m) ....
débardeur (m) ....
gilet (m) ....
imperméable (m) ....
jean (m) ....
jogging (m) ....
jupe (f) ....
maillot de bain (m) ....
manteau (m) ....
pantalon (m) ....
polo (m) ....
pull (m) ....
pyjama (m) ....
robe (f) ....
short (m) ....
tailleur (m) ....

tee-shirt (m) ....
veste (f) ....

Les sous-vêtements (m)
chaussette (f) ....
collant (m) ....
culotte (f) ....
slip (m) ....
soutien-gorge (m) ....

Les chaussures (f)
à talons hauts ....
à talons plats ....
basket (f) ....
botte (f) ....
chaussure de ville (f) ....
escarpin (m) ....
sandale (f) ....

lunettes (f) ....

Unité 9   La monnaie

avoir ....
changer ....
dépenser ....
économiser ....
ouvrir ....
retirer ....

L'argent
billet (m) ....
centime (m) ....
euro (m) ....
pièce (f) ....

argent de poche (m) ....
banque (f) ....
bureau de change (m) ....
carte bancaire (f) ....

code (m) ....
compte (m) ....
devise (f) ....
distributeur (m) ....
guichet (m) ....
pauvre ....
portefeuille (m) ....
porte-monnaie (m) ....
riche ....
secret/secrète ....

avoir la monnaie ....
≠ ne pas avoir la monnaie ....
changer des devises ....
rendre la monnaie ....
ouvrir un compte ....

Unité 10   Les achats

aider ....
coûter ....
désirer ....
devoir ....
faire ....
pouvoir ....
renseigner ....
vouloir ....

achat (m) ....
article (m) ....
boutique (f) ....
bon/ne ....

caisse (f) ....
cher/chère ....
chaussure (f) ....
disquaire (m) ....
emplette (f) ....
escalator (m) ....
grand magasin (m) ....
librairie (f) ....
magasin (m) ....
maroquinerie (f) ....
parfumerie (f) ....
pointure (f) ....
prix (m) ....

réduction (f)....................

soldes (m) ....

sport (m) ....

taille (f) ....

tout....................

vitrine (f) ....

faire les magasins ....

faire les boutiques ....

faire des achats ....

faire des emplettes ....

faire du shopping ....

faire les vitrines ....

– vous désirez? ....

– est-ce que je peux vous aider? ....

– je peux vous aider? ....

– est-ce que je peux vous renseigner? ....

– je peux vous renseigner? ....

– je voudrais,
s'il vous plaît ....

– c'est combien? ....

– combien ça coûte? ....

– ça coûte combien? ....

– c'est quel prix? ....

– quel est le prix? ....

– combien je vous dois? ....

– vous désirez autre chose? ....

– c'est tout? ....

– c'est cher! ....

– c'est pas cher! ....

– c'est bon marché! ....

Unité 11 — Les directions

aller ....

arriver ....

changer ....

croire ....

descendre ....

être ....

passer ....

prendre ....

traverser ....

à droite ....

à gauche ....

à l'angle de ....

au bout de ....

au niveau de ....

derrière ....

devant ....

en face de ....

loin ....

près ....

tout droit ....

à pied ....

car (m) ....

avenue (f) ....

boulevard (m) ....

place (f) ....

rue (f) ....

changement (m) ....

direction (f) ....

ligne (f) ....

métro (m) ....

sortie (f) ....

Unité 12 — Les transports

acheter ....

aller ....

arrêter ....

atterrir ....

composter ....

décoller ....

enregistrer ....

informer (s') ....

prendre ....

réserver ....

voyager ....

Les transports (m)

avion (m) ....

car (m) ....

moto (f) ....

train (f) ....

voiture (f) ....

Les transports en commun (m)

bus (m) ....

métro (m) ....

chauffeur (m) ....

conducteur (m) ....

motard (m) ....

pilote (m) ....

billet (m) ....

ticket (m) ....

aéroport (m) ....
agence (f) ....
arrêt (m) ....
billetterie (f) ....
compagnie aérienne (f) ....

contrôleur (m) ....
gare (f) ....
guichet (m) ....
station (f) ....

Unité 13   La maison - Le mobilier

faire ....
visiter ....

appartement (m) ....
fenêtre (f) ....
jardin (m) ....
maison (f) ....
porte (f) ....

Les pièces (f)
buanderie (f) ....
couloir (m) ....
cuisine (f) ....
chambre (f) ....
entrée (f) ....
salle à manger (f) ....
salle de bains (f) ....
salon (m) ....

étage (m) ....
rez-de-chaussée (m) ....
sous-sol (m) ....

Les meubles (m)
armoire (f) ....

baignoire (f) ....
banc (m) ....
bibliothèque (f) ....
bureau (m) ....
canapé (m) ....
commode (f) ....
évier (m) ....
fauteuil (m) ....
lampe (f) ....
lavabo (m) ....
lit (m) ....
miroir (m) ....
placard (m) ....
table (f) ....
table basse (f) ....
table de chevet (f) ....
tabouret (m) ....

four (m) ....
congélateur (m) ....
cuisinière (f) ....
lave-linge (m) ....
lave-vaisselle (m) ....
réfrigérateur (m) ....
sèche-linge (m) ....

Unité 14   Les activités domestiques

balayer ....
essuyer ....
faire ....
frotter ....
laver ....
mettre ....
nettoyer ....
passer ....
plier ....
ranger ....
repasser ....

aspirateur (m) ....
balai (m) ....
balai brosse (m) ....
chiffon (m) ....

éponge (f) ....
machine (f) ....
produit (m) ....
serpillière (f) ....
torchon (m) ....
vaisselle (f) ....
fort/e ....
propre ....
sale ....

faire du repassage ....
faire la vaisselle ....
laver le linge à la main ....
mettre la machine en marche ....
passer l'aspirateur ....

Unité 15   L'alimentation - Les commerces

crustacé (m) ....
fruit (m) ....
laitage (m) ....
légume (m) ....
poisson (m) ....
produit laitier (m) ....
viande (f) ....

abricot (m) ....
baguette (f) ....
banane (f) ....
beurre (m) ....
bifteck (m) ....
bonbon (m) ....
brioche (f) ....
camembert (m) ....
carotte (f) ....
cerise (f) ....
concombre (m) ....
côtelette (f) ....
cornet (m) ....
courgette (f) ....
crème fraîche (f) ....
crevette (f) ....
croissant (m) ....
esquimau (m) ....
fraise (f) ....
fromage (m) ....
glace (f) ....
gruyère (m) ....
haricot (m) ....
jambon (m) ....
lait (m) ....
laitue (f) ....
moka (m) ....
œuf (m) ....
pain (m) ....
pain au chocolat (m) ....
pain aux raisins (m) ....
pain de campagne (m) ....

pain de mie (m) ....
pâté (m) ....
pêche (f) ....
pomme (f) ....
pomme de terre (f) ....
poulet (m) ....
raisin (m) ....
religieuse (f) ....
saucisse (f) ....
saucisson (m) ....
tarte (f) ....
tartelette (f) ....
thon (m) ....

boucher (m) ....
bouchère (f) ....
boulanger (m) ....
boulangère (f) ....
charcutier (m) ....
charcutière (f) ....
crémier (m) ....
crémière (f) ....
pâtissier (m) ....
pâtissière (f) ....
poissonnier (m) ....
poissonnière (f) ....

à la boucherie ....
à la boulangerie ....
charcuterie ....
crémerie ....
pâtisserie ....
poissonnerie ....

chez le boucher ....
boulanger ....
charcutier ....
crémier ....
pâtissier ....
poissonnier ....

Unité 16   Les quantités - Le supermarché

boîte (de) (m) ....
bouteille (de) (f) ....
morceau (de) (m) ....
paquet (de) (m) ....
pot (de) (m) ....
sac (de) (m) ....
sachet (de) (m) ....
tablette (de) (f) ....
tranche (de) (f) ....
tube (de) (m) ....

demi-litre (de) (m) ....
demi-livre (de) (f) ....

douzaine (de) (f) ....
kilo (de) (m) ....
litre (de) (m) ....
livre (de) (f) ....

épicerie (f) ....
épicier (m) ....
épicière (f) ....
supermarché (m) ....

chariot (m) ....
panier (m) ....

faire la queue ....

Unité 17   Au café - Au snack

avoir ....
boire ....
commander ....
manger ....
pouvoir ....
vouloir ....

Les boissons (f)
chocolat (m) ....
diabolo (m) ....
eau gazeuse (f) ....
eau minérale (f) ....
grenadine (f) ....
jus (m) ....
limonade (f) ....
menthe (f) ....
orange pressée (f) ....
soda (m) ....
thé (m) ....

L'alimentation
beurre (m) ....

croque-monsieur (m) ....
frite (f) ....
jambon (m) ....
pizza (f) ....
quiche (f) ....
sandwich (m) ....

addition (f) ....
assiette (f) ....
café (m) ....
carte (f) ....
commande (f) ....
garçon (m) ....
glaçon (m) ....
paille (f) ....
verre (m) ....

avoir faim
avoir soif
boire un coup
manger quelque chose ....

Unité 18   La cuisine - Les repas

ajouter ....
cuire ....
déjeuner ....
démouler ....
dîner ....
éplucher ....
goûter ....
mélanger ....
mettre ....
prendre ....
tartiner ....
verser ....

assiette (f) ....
casserole (f) ....
couteau (m) ....
cuillère (f) ....
fourchette (f) ....
moule (m) ....
nappe (f) ....
petite cuillère (f) ....

plat (m) ....
poêle (f) ....
serviette (f) ....

Les repas
le déjeuner ....
le dîner ....
le goûter ....
le petit déjeuner ....

Le menu
entrée (f) ....
plat (m) ....
fromage (m) ....
dessert (m) ....

amuse-gueule (m) ....
boisson (f) ....

faire la cuisine ....
prendre un pot ....

Unité 19   La famille

avoir ....
être ....
divorcer ....
habiter ....
marier ....

marier (se) ....
naître ....
remarier ....
remarier (se) ....

âge (m) ....

beau-père (m) ....

belle-mère (f) ....

copain (m) ....

copine (f) ....

cousin (m) ....

cousine (f) ....

divorce (m) ....

enfant (m) ....

famille (f) ....

femme (f) ....

fille (f) ....

fils (m) ....

frère (m) ....

génération (f) ....

grand-mère (f) ....

grand-père (m) ....

grands-parents (m) ....

maman (m) ....

mamie (f) ....

mari (m) ....

mariage (m) ....

mère (f) ....

neveu (m) ....

nièce (f) ....

oncle (m) ....

papa (m) ....

papi (m) ....

parent (m) ....

père (m) ....

petit-enfant (m) ....

petite-fille (f) ....

petit-fils (m) ....

sœur (f) ....

tante (f) ....

tata (f) ....

tonton (m) ....

ma ....

mon ....

mes ....

Unité 20 Le téléphone - Les nombres

appeler ....

couper ....

envoyer ....

laisser ....

occuper ....

passer ....

quitter ....

raccrocher ....

rappeler ....

répondre ....

téléphoner ....

batterie (f) ....

carnet d'adresses (m) ....

carte de téléphone (f) ....

carte téléphonique (f) ....

message (m) ....

mobile (m) ....

numéro de téléphone (m) ....

portable (m) ....

téléphone fixe (m) ....

unité (f) ....

Les nombres

un ....

deux ....

trois ....

quatre ....

cinq ....

six ....

sept ....

huit ....

neuf ....

dix ....

onze ....

douze ....

treize ....

quatorze ....

quinze ....

seize ....

dix-sept ....

dix-huit ....

dix-neuf ....

vingt ....

vingt et un ....

vingt-deux ....

(…)

trente ....

quarante ....

cinquante ....

soixante ....

soixante-dix ....

quatre-vingts ....

quatre-vingt-dix ....

cent ....

allô ....

ça a coupé ....

c'est occupé ....

laisser un message ....

ne pas quitter ....

passer des coups de fil ....

Unité 21 Les loisirs

aimer ....
aller ....
chater ....
danser ....
dessiner ....
écouter ....
enregistrer ....
être ....
faire ....
jongler ....
jouer ....
lire ....
modeler ....
peindre ....
photographier ....
regarder ....
sculpter ....
sortir ....
télécharger ....

acrobate (m) ....
carte (f) ....
ciné (m) ....
cinéma (m) ....

cirque (m) ....
claquettes (f) ....
comédie (f) ....
concert (m) ....
danse (f) ....
dessin (m) ....
échecs (m) ....
expo (f) ....
exposition (f) ....
funambule (m) ....
jeu (m) ....
jeu de société (m) ....
jeu vidéo (m) ....
jongleur (m) ....
lecture (f) ....
modelage (m) ....
musique (f) ....
peinture (f) ....
photo (f) ....
télé (f) ....
télévision (f) ....
théâtre (m) ....

Unité 22 Les sports

courir ....
entraîner (s') ....
être ....
faire ....
grimper ....
jouer ....
monter ....
nager ....
pédaler ....
sauter ....

Les sports

agrès (m) ....
aïkido (m) ....
art martial (m) ....
athlétisme (m) ....
basket (m) ....
course (f) ....
équitation (f) ....
foot (m) ....
football (m) ....

gymnastique (f) ....
handball (m) ....
karaté (m) ....
natation (f) ....
ping-pong (m) ....
rugby (m) ....
tennis (m) ....
volley-ball (m) ....

ballon (m) ....
champion (m) ....
cheval (m) ....
crawl (m) ....
équipe (f) ....
joueur (m) ....
kimono (m) ....
raquette (f) ....
roller (m) ....
ski (m) ....
vélo tout terrain (VTT) (m) ....

monter à cheval ....

Unité 23 Le corps - Les mouvements

allonger ....
asseoir (s') ....

coucher ....
dilater ....

écarter ....
étirer ....
être debout ....
fermer ....
froncer ....
lever ....
lever (se) ....
muscler ....
ouvrir ....
pencher ....
plier ....
taper ....
tendre ....
tirer ....

Le corps
bras (m) ....
cil (m) ....
coude (m) ....

cuisse (f) ....
dent (f) ....
dos (m) ....
épaule (f) ....
fesse (f) ....
jambe (f) ....
langue (f) ....
main (f) ....
mollet (m) ....
narine (f) ....
œil (m) ....
pied (m) ....
poignet (m) ....
sourcil (m) ....
tête (f) ....
ventre (m) ....
visage (m) ....
yeux (m) ....

Unité 24 La santé

aller ....
attraper ....
ausculter ....
avoir ....
brûler ....
brûler (se) ....
désinfecter ....
devoir ....
donner ....
être ....
faire ....
blesser ....
blesser (se) ....
consulter ....
couper ....
guérir ....
guérir (se) ....
mettre ....
prendre ....
soigner ....
soigner (se) ....
tousser ....
vacciner ....
vacciner (se) ....

accident (m) ....
ambulance (f) ....
auscultation (f) ....
blessure (f) ....
cabinet (m) ....
carie (f) ....
comprimé (m) ....
consultation (f) ....
dentiste (m) ....
désinfectant (m) ....

docteur (m) ....
fièvre (f) ....
forme (f) ....
gélule (f) ....
goutte (f) ....
grave ....
grippe (f) ....
hôpital (m) ....
infirmière (f) ....
maux (m) ....
médicament (m) ....
ordonnance (f) ....
pansement (m) ....
pastille (f) ....
patient (m) ....
pharmacie (f) ....
pharmacien (m) ....
piqûre (f) ....
plaie (f) ....
pommade (f) ....
rendez-vous (m) ....
rhume (m) ....
salle d'attente (f) ....
sirop (m) ....
toux (f) ....
urgences (f) ....

attraper la grippe ....
avoir de la fièvre ....
avoir mal à ....
avoir un accident ....
faire une piqûre ....
être malade ....
être enrhumé ....

apprendre

choisir

corriger

donner

enseigner

être

étudier

faire

noter

passer

rentrer

suivre

affaires (f)

allemand (m)

anglais (m)

arts plastiques (m)

baccalauréat (m)

brevet (m)

cahier (m)

calendrier (m)

cantine (f)

cartable (m)

classe (f)

classeur (m)

collège (m)

collégien (m)

copie (f)

cour (f)

cours (m)

crayon (m)

devoir (m)

école (f)

école élémentaire (f)

école maternelle (f)

école primaire (f)

éducation physique et sportive

élève (m)

emploi du temps (m)

examen (m)

français (m)

feutre (m)

géographie (f)

gomme (f)

heure (f)

histoire (f)

latin (m)

leçon (f)

lycée (m)

lycéen (m)

mathématiques (f)

maths (f)

musique (f)

note (f)

officiel/le

physique (f)

première (f)

prof (m)

professeur (m)

règle (f)

rentrée (f)

sciences de la vie et de la Terre (f)

seconde (f)

stylo (m)

taille-crayon (m)

technologie (f)

terminale (f)

trousse (f)

université (f)

usuel/le

vacances (f)

week-end (m)

Les jours de la semaine

lundi

mardi

mercredi

jeudi

vendredi

samedi

dimanche

Les mois de l'année

janvier

février

mars

avril

mai

juin

juillet

août

septembre

octobre

novembre

décembre

Les saisons

le printemps

l'été

l'automne

l'hiver

être reçu à un examen

quelle heure est-il ?

Crédits photographiques :
p. 41, 5 Ph. Olivier Ploton © Archives Larbor

N° d'éditeur : 10143492 - C.G.I. - Juillet 2007
Imprimé en FRANCE par MAME (n° 07062095)